SPORTKARTEI

5.-10.

S. Hofmann/R. Härtig

BAND V
GERÄTTURNEN

ISBN 978-3-89291-**847-9**

Vorwort

Die Sportkartei für die Klassen 5 – 10 besteht aus folgenden Bänden:

Band I Sportspiel Basketball
Band II Sportspiel Handball
Band III Sportspiel Volleyball
Band IV Leichtathletik
Band V Gerätturnen
Band VI Gymnastik/Tanz
Band VII Fitnessübungen

In diesem Band **Gerätturnen** werden Übungen aus dem formgebundenen und freien Turnen für den Sportunterricht der Klassen 5 – 10 unter der Sicht eines Turnens für „alle" ausgewählt und ihre Realisierung näher ausgewiesen. Der Schulpraxis versuchen wir durch methodisch-pädagogische Anregungen gerecht zu werden. Die Sportkartei soll dem Sportlehrer helfen, einen interessanten, abwechslungsreichen und zugleich zielgerichteten Turnunterricht gemeinsam mit seinen Schülerinnen und Schülern zu bestreiten.

In Anlage und Aufbau entspricht die Sportkartei **Gerätturnen** den bereits vorliegenden Sportkarteien. Die Karteikarten können aus dem Band entnommen und einzeln genutzt werden, u.a. auch als Vorlage für die Schülerinnen und Schüler. In der Mitte gefaltet ergibt sich eine noch handlichere Form. Die geteilten Karteikarten beginnen stets im rechten Feld mit der Kennzeichnung der Bewegungsaufgabe. Wir waren bemüht, Turnelemente und Übungsformen und die damit verbundenen Empfehlungen möglichst auf die Vorder- und Rückseite einer Karteikarte anzuordnen, um dem Charakter von Arbeitsblättern zu entsprechen. Um im Text nicht wiederholt Schülerinnen und Schüler, Lehrerinnen und Lehrer ausweisen zu müssen, wird zum Teil nur eine Form für beide Geschlechter verwendet.

Eine einheitliche Darstellung wurde angestrebt, zum Teil untersetzt mit folgenden Symbolen:

- ➢ Hinweise zur Ausführung im Sinne: „Was muss der Schüler tun?“
- Θ Helfen und Sichern
- E Methodische Hinweise - Erleichterungen
- • Hinweise zum Lernprozess
- V Empfehlungen für Varianten

Um effektiv mit den Karten zu arbeiten und entnommene, lose Karteikarten wieder einordnen zu können, ist das „Zielelement“ ausgewiesen und das Turngerät auf der Vorderseite der Karteikarte mit einem Symbol dargestellt.

Wesentliche Positionen der Bewegung sind durch Zeichnungen hervorgehoben. Wir orientieren uns an einer technisch und haltungsbezogenen anspruchsvollen Ausführung, auch wenn im Schulsport dieses Niveau nur von einigen Schülern erreicht wird. Dabei setzen wir auch auf den auffordernden Charakter von Abbildungen zur Mitarbeit und Selbsttätigkeit, einschließlich für eine zielgerichtete Bewegungsbeobachtung und Bewegungskorrektur. Der Ablauf einer Bewegung wurde generell von links nach rechts dargestellt.

Die Autoren wünschen den Sportlehrerinnen und Sportlehrern und ihren Schülerinnen und Schülern mit der Sportkartei **Gerätturnen** ein erfolgreiches und freudvolles Turnen.

Sieghart Hofmann   Roswita Hättig

Inhaltsverzeichnis

Auffassungen zum Turnen in den Klassen 5 – 10 und Anliegen der Sportkartei

Die Verbesserung körperlich-motorischer Fähigkeiten und der Erwerb von Bewegungsfertigkeiten ist u.a. von den Voraussetzungen abhängig, die Schüler besitzen. Die Missachtung der personalen Voraussetzungen führt zu Unter- oder Überforderungen. Von den Schülern kann dann eine Bereitschaft und Mitarbeit erwartet werden, wenn die Bewegungsaufgaben alters- und leistungsgemäßen Ansprüchen genügen, wenn ein **Lernbedürfnis** vorliegt. Erfolgreiches Handeln - motorisches Können – spornt den Lernenden zum selbstständigen Üben an, während wiederholtes Misslingen Unlust und „Vermeidungsstrategien" hervorruft. Gemeinsames Anliegen von Lehrern und Schülern sollte es sein, dass die Schüler von sich aus Turnelemente und Übungsverbindungen beherrschen wollen, dass die Lösung der Bewegungsaufgabe zum selbstgestellten Ziel wird. Deshalb muss der Lehrer stets bestrebt sein, durch anregende alters- und entwicklungsgerechte turnerische Bewegungsaufgaben und ihre schülergerechte Vermittlung seine Schüler zum motorischen Lernen anzuregen und den notwendigen Lernerfolg zu sichern. Erfolgserlebnisse stärken das Selbstvertrauen und fördern das Interesse.

Um eine Mitarbeit möglichst aller Schülerinnen und Schüler, trotz individuell unterschiedlicher Voraussetzungen und Interessen, zu erreichen, sind **Selbsttätigkeit und Selbstständigkeit im Denken und Handeln** zu fördern, ist ihr **Handlungs- und Entscheidungsspielraum** zunehmend zu erweitern. Der Sportlehrer sollte Möglichkeiten aufzeigen, wie das Turnen vielfältig und befriedigend für alle Beteiligten gestaltet werden kann. Dabei gewinnen Kommunikation, Kooperation und die Integration von Schülern mit unzureichenden körperlich-motorischen Voraussetzungen für das Turnen an Bedeutung. Die **stimulierende Wirkung des Spielhaften** ist auch beim Turnen zu nutzen, weil im Spannungsfeld des Spielhaften Anstrengungs- und Leistungsbereitschaft fast automatisch wirken. Wenn man Schüler fördern will - und das ist eine Aufgabe der Schule - muss man sie auch fordern, und zwar schülergerecht durch alters- und entwicklungsrelevante Inhalte, durch geeignete Methoden und durch angemessene, differenzierte Leistungsforderungen. Mit der Sportkartei sollen in diesem Sinne Anregungen gegeben werden.

Für die Entwicklung der Kinder sind Bewegungserfahrungen besonders bedeutsam, die mit Grundtätigkeiten des Turnens - wie Stützen, Hängen, Schwingen, Balancieren, Rollen und Überschlagen - verbunden sind. Durch entsprechende Inhalte sollen Schüler herausgefordert und zum Erproben und Üben angeregt werden. Dabei geht es vorrangig um **vielfältiges Kennenlernen von Bewegungsmöglichkeiten** an Turngeräten, um **lösbare Aufgaben**, um eine den Lern- und Leistungsvoraussetzungen angemessene **Entwicklung von sportlichem Können,** um ein **zielgerichtetes Üben,** das **Anstrengung und Leistungswillen** einschließt. Bewegungsaufgaben aus dem formgebundenen und freien Turnen ermöglichen Übungsvielfalt, Wahl- und Gestaltungsmöglichkeiten und eine Berücksichtigung individueller Lernpotenzen. Die Einengung auf nur wenige Elemente für „alle“ Schülerinnen und Schüler (deren Aneignung und Verbesserung für viele oft nicht möglich ist) soll verhindert, dem einförmigen Fertigkeitsturnen entgegenwirkt und letztendlich das Gerätturnen für die Schüler (wieder) geöffnet werden.

In den Klassen 1 – 4 dominiert der spielerische Umgang an Turngeräten mit der Absicht des Kennenlernens vielfältiger, einfacher Bewegungsmöglichkeiten. Dieses Turnen soll die Bewegungsfreude und den Erkennungsdrang befriedigen und herausfordern sowie zur körperlich-motorischen Entwicklung beitragen.

In den Klassen 5 – 8 geht es mehr um gezieltes Üben und daraus resultierendes Bewegungskönnen. Ein variables Übungsangebot, verbunden mit Wahlmöglichkeiten, eröffnet den Schülerinnen und Schülern Könnenserlebnisse. Erlernte Turnelemente stellen eine ständig zu erweiternde Basis für individuell zu gestaltende Übungsverbindungen und nachfolgendes Paar- und Gruppenturnen dar.

In den Klassen 9 und 10 bietet sich unter dem Aspekt des Neuen, Jugendgemäßen besonders das Paar- und Gruppenturnen an. Beim Synchronturnen sind die vorhandenen Bewegungserfahrungen und turnerischen Fertigkeiten zu nutzen. Partnerakrobatik und Pyramidenbau bieten weitere Bewegungs- und Gestaltungsmöglichkeiten. Aber auch das Verbessern der Ausführung und die Erhöhung der Schwierigkeit des erlernten Übungsgutes sowie das Aneignen neuer Elemente und Übungsverbindungen können weiterhin Ziele des Turnunterrichtes sein.

Auch für das Gerätturnen gilt: Sporttreiben wird dann interessant, wenn man etwas kann, sich als kompetent wahrnimmt. Ein letztlich **leistungsarmes Turnen wird auf Dauer reizlos**. Aufgrund des dominierenden „Alles-oder-Nichts-Prinzips“ gilt besonders für das Gerätturnen die individuelle Bezugsnorm, d.h. der Bezug auf die **individuellen Leistungsvoraussetzungen,** auf das vorhandene Können. Angemessener Umgang mit dem Leistungsvermögen bedeutet, Turnelemente anzubieten und auswählen zu lassen, die u.a. deshalb reizvoll wirken, weil sie durch Üben beherrschbar erscheinen. Im Verändern bzw. Erweitern von Aufgaben sind Ansätze der Intensivierung gegeben.

Unter den zeitlichen Bedingungen des Schulsports ist es notwendig, eine begründete Auswahl der Turninhalte zu treffen. Wir konzentrieren uns auf ein Übungsgut, das für möglichst **alle** bzw. **viele** Schülerinnen und Schüler Grundlage sein kann. Diese Orientierung auf weitgehend realisierbare Ziele ist mit Freiheiten, Wahlmöglichkeiten für die Schüler verbunden, fordert und fördert ihr aktives Verhalten im Unterricht und ermöglicht den Lernprozess ungezwungen zu erleben. Der besonderen Bedeutung des Gerätturnens für die konditionelle und koordinative Entwicklung versuchen wir durch entsprechende Anregungen gerecht zu werden. Dabei geht es auch um eine Verbesserung der Belastbarkeit, um eine positive Wirkung auf den Halte-, Stütz- und Bewegungsapparat.

Ganz bewusst werden die Bewegungsaufgaben für Mädchen **und** Jungen ausgewiesen, soll die Trennung des Übungsgutes für Mädchen und Jungen weitgehend aufgehoben werden. In einem vertretbaren Aufwand ist die Auseinandersetzung mit typischen Übungen und Turngeräten des anderen Geschlechts durchaus sinnvoll, sowohl für ein gemeinsames Turnen als auch für ein besseres Verstehen der Anforderungen und Leistungen des anderen Geschlechts. Für die Gleichgewichtsschulung ist der Balken auch für die Jungen ein angemessenes Turngerät. Die Wertung von Leistungen am Stufenbarren kann anders ausfallen, wenn Jungen selbst einige Übungen erproben. Auch Mädchen sollten mal am Parallelbarren schwingen, mit Kehre und Wende. Dabei geht es um ein Erkunden der Eigenart dieser Turngeräte durch den Einsatz elementarer Übungen und nicht um ein Fertigkeitsturnen an diesen Geräten.

Grundlegende pädagogisch-methodische Aspekte zum Gerätturnen in der Schule

Im Gerätturnen liegt der Schwerpunkt auf der **Aneignung vielfältiger turnbezogener Fertigkeiten** mit dem Ziel der Umsetzung dieses Bewegungskönnens in Übungsverbindungen (zumindest am Boden und an einem zweiten Gerät nach Wahl). Dieser Lernprozess verlangt eine Orientierung auf weitgehend realistische Ziele und die Akzeptanz auch unüblicher „Elemente“ aus dem freien Turnen. Gerade durch ein vielseitiges Turnen werden Verbesserungen der allgemeinen körperlichen Leistungsfähigkeit und positive Wirkungen auf die Selbstständigkeit und das Selbstvertrauen erwartet. Außerdem ermöglicht erst eine Vielfalt an erlernten Turnelementen und Verbindungen echte Alternativen bei Wahlentscheidungen und weiterführend ein attraktives Paar- und Gruppenturnen.

Der **Organisation des Übungsprozesses** kommt große Bedeutung zu, weil Intensität und Sicherheit wesentlich den Erfolg im Turnen beeinflussen. Die Geräte sollten so angeordnet werden, dass ungehindert an ihnen geturnt werden kann und geringe Wartezeiten anfallen. Ein Üben in Riegen (Riegenwechselbetrieb) ist anzustreben. Der Aufbau paralleler Gerätestationen mit unterschiedlichen Anforderungen (Schwierigkeiten) ist ebenso wie der Abbau der Turngeräte zu planen.

Durch **Helfen und Sichern** sollen nicht nur Unfälle vermieden, sondern der Lernprozess unterstützt werden. Diese wichtige Funktion des Helfens ist durch entsprechende Maßnahmen im Unterricht von den Schülern zu begreifen und zu erleben. Gegenseitiges Helfen und Sichern ist für ein effektives Schulturnen unumgänglich und ermöglicht einigen Schülerinnen und Schülern erst die aktive Teilnahme am Turnunterricht. Deshalb ist die Befähigung vieler (möglichst aller) Schüler und Schülerinnen als Helfer eine Voraussetzung für ein effektives Turnen in der Schule. Investierte Zeit für die Herausbildung von Kompetenz zum Helfen und Sichern ist sinnvoll eingesetzt und langfristig wirksam. Das Helfen muss dem Leistungsvermögen des Übenden entsprechen. Zu viel Hilfe führt zu passivem Verhalten des Übenden, zu wenig Hilfe macht ihren Einsatz fragwürdig. Als Prinzip gilt: „So viel wie nötig, so wenig wie möglich“. Die Hilfe ist auf jene Bewegungsabschnitte zu begrenzen, in denen sie unmittelbar erforderlich ist.

Demonstrationen durch Lehrer oder Schüler bzw. **Veranschaulichung der Bewegung** mit Hilfe von Bildreihen, Skizzen oder Videos sind eine Voraussetzung, damit die Bewegungsaufgabe verstanden und realisiert werden kann. **Gegensatzerfahrungen** (z.B. Turnen mit und ohne Spannung; Erspüren von richtig und falsch) sind anzuregen, weil durch Kontraste Unterschiede bzw. Wirkungen des motorischen Verhaltens besser wahrgenommen werden. Auch die **Vermittlung von Wissen** trägt zum selbstständigen und verantwortungsvollen Üben bei. Wesentliche Bezeichnungen, Übungs- und Korrekturmöglichkeiten, Ursachen und Wirkungen von Bewegungen, Gefährdungen und Fragen des Helfens und Sicherns sind anzubieten und zu festigen.

Für das Gerätturnen ist die Fähigkeit, den Körper anzuspannen und mit einer **straffen, „turnerischen" Haltung** zu turnen, eine grundlegende Voraussetzung. Als ein sichtbares Zeichen von Körperspannung sind u.a. die Füße zu strecken. Dabei geht es in erster Linie nicht um die Schönheit der Bewegung, sondern ein gespannter Körper kann leichter bewegt und besser beherrscht werden. Häufig hängt der Übungserfolg direkt von der Haltung und Spannung ab, kann mit weniger Kraftaufwand ein größerer Effekt erzielt werden. Auch wird das Helfen und Sichern für den Partner einfacher. Der Lehrer muss diesen Sinn einer straffen, turnerischen Haltung durch entsprechende Anregungen seinen Schülern vermitteln, damit sie selbstständig und bewusst ihr Bewegungsverhalten dementsprechend ausrichten.

Gekonnte Elemente **in Verbindungen** oder **unter unterschiedlichen Bedingungen** zu üben (z. B. das gleiche Element in unterschiedlichen Bewegungsrichtungen, in Serien, mit unterschiedlichen Griffarten, an Geräten mit unterschiedlichen Abmessungen), ermöglicht einerseits die Grundstruktur der Elemente variabler auszuprägen, vielfältiger anzuwenden und den Lernprozess interessanter zu gestalten. Andererseits werden durch ein „Spielen, Variieren" für den motorischen Lernprozess wichtige Gegensatzerfahrungen gesammelt, wird ein Lernen durch Wahrnehmen von Unterschieden angeregt. Ein **beidseitiges Üben** ist sinnvoll, um Bewegungserfahrungen und die gleichmäßige körperliche Entwicklung zu fördern sowie die „motorisch" bessere Seite zu erkennen. Aufgrund der relativ geringen Übungszeit und der Notwendigkeit von Erfolgserlebnissen ist im weiteren Übungsverlauf im Allgemeinen auf die bessere Seite zu orientieren.

Die **Freude an der eigenen Leistung**, am eigenen und am Können einer Gruppe ist das zentrale Anliegen des Turnens, wie des Sports überhaupt. Leistung bedeutet zunächst einmal die Bewältigung einer möglichst selbstgestellten oder akzeptierten Bewegungsaufgabe, das Erreichen eines angemessenen Resultates, das Überwinden von Schwierigkeiten. Die Aufgabe sollte für den Übenden bedeutsam sein und dem vorhandenen Können entsprechen. Es ist auch pädagogisch sinnvoll, dass Schüler mit **Zuständen des Missbefindens** umgehen lernen, diese überwinden, statt ihnen in Spaß (haben wollen) auszuweichen. In einer **maßvollen Spannung** aus Bekanntem und Unbekanntem, Vertrautem und Fremdem, Gekonntem und Nichtgekonntem liegt auch der Reiz des Turnens. Diese Spannungsfelder sind im Rahmen eines vielseitigen und freudvollen Turnens durch erlebniswirksame Inhalte schulstufenspezifisch zu nutzen.

Legt man den pädagogischen Anspruch zugrunde, dass **Bewertung und Zensierung** dem Schüler in seiner Entwicklung helfen soll, müssen sie auch motivieren. Der Schüler erhält durch das Bewerten eine Stimulierung im Sinne der Anerkennung oder aber der notwendigen Erhöhung seiner Bemühungen. Das heißt aber auch, das Werten von Lernergebnissen hat die individuellen Lern- und Leistungsvoraussetzungen zu berücksichtigen. Der Schüler erwartet vom Lehrer eine Bewertung seiner Lernergebnisse einschließlich einer angemessenen Berücksichtigung der Anstrengung und des Fortschrittes. Zu den problematischen Aufgaben eines Lehrers gehört zweifellos die Beurteilung der Lernergebnisse im Gerätturnen mit einer Note. Auch auf das Turnen trifft zu, dass die Notengebung auf nachprüfbaren, möglichst vielseitigen Lernergebnissen beruhen sollte. Die Erweiterung des Schulturnens auf Inhalte des freien Turnens und die angestrebten Wahl- und Gestaltungsmöglichkeiten von Übungen verbieten eine enge, nur auf standardisierten Alters- und Klassennormen beruhende Zensierung. Der Nachweis erlernter Elemente und Verbindungen ist eine wesentliche Grundlage der Zensierung. Besonders unter pädagogischer Sicht sind das Lernverhalten, die Anstrengungsbereitschaft und der individuelle Lernfortschritt bei der Notengebung zu berücksichtigen. Die Beachtung des „sportlichen“ und „pädagogischen“ Leistungsbezuges kann dazu führen, dass die „sportlich-normative“ Zensur um eine bis zwei Noten verbessert wird.

Notizen

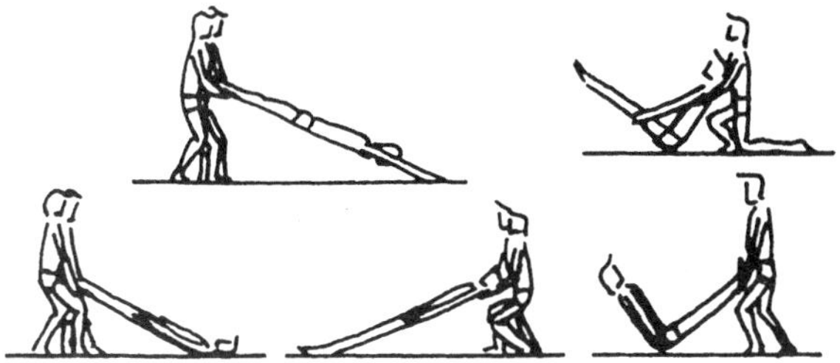

Baumstamm und **rechter Winkel**
Ohne Aufgabe der Körperspannung wird der gestreckte bzw. gebeugte Körper durch Partner bewegt.

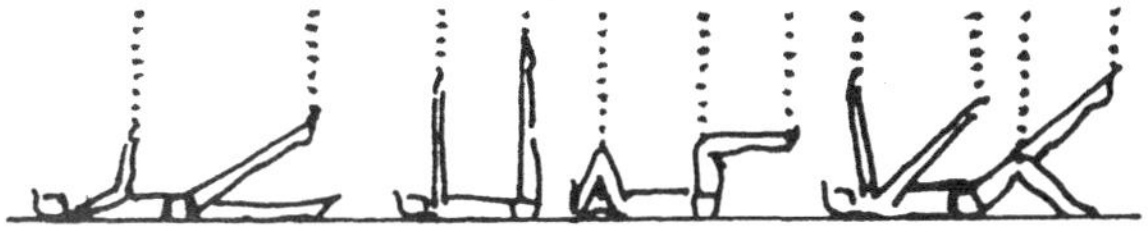

Marionette
An fiktiven Fäden werden Körperteile in bestimmte Positionen geführt, gehalten und geändert.

Pendel vorwärts, rückwärts, seitwärts
(Schulterbreiter Stand, auch mit geschlossenen Augen).

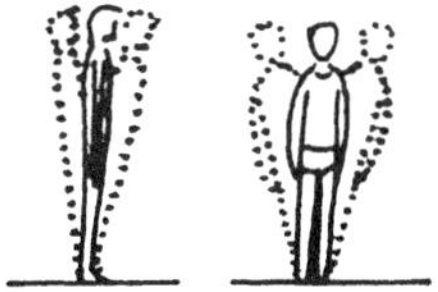

Körperspannung erleben und erlernen

Eine wesentliche Grundlage für ein erfolgreiches Turnen bildet die Fähigkeit, die Muskulatur bzw. einzelne Muskelgruppen **zielgerichtet anzuspannen und zu entspannen.**

Die Körperspannung bewusst einzusetzen, mit einer straffen Haltung zu turnen, gewährleistet oft erst das Erlernen und die Verbesserung von turnerischen Fertigkeiten. Deshalb erscheint es sinnvoll, wenn zu Beginn des Turnens (auch wiederholend in den Schuljahren und an den Turngeräten) Übungen zur Sensibilisierung und zur Schulung der Körperwahrnehmung und Körperspannung einbezogen werden. Kontrastreiche Übungen sind dafür besonders geeignet.

Noch stärker als die Kraft und die Beweglichkeit ist die Körperspannung Voraussetzung für das Turnen. Kinder können in den meisten Fällen ihr eigenes Körpergewicht durchaus bewegen, beherrschen aber ihren Körper wegen fehlender Spannung weniger gut. Spannungsübungen mit einem Partner und in Kleingruppen, verbunden mit einem Austausch der Wahrnehmungen, bieten sich an. Das gleichzeitige Üben aller Schüler ermöglicht eine hohe Effektivität.

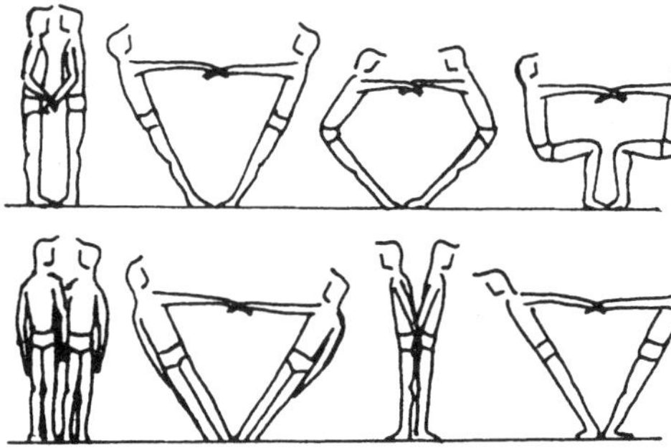

V-Balance
Die Partner stehen mit ihren Füßen eng beieinander, Handgelenkgriff; bei gestreckter und gespannter Körperhaltung gleichzeitig die Arme völlig strecken, in dieser Positionen verharren und wieder in die Ausgangsposition zurück.

Fahrstuhl
Kniebeugeposition einnehmen, halten und wieder zurück bzw. im Winkelsitz Beine strecken.

Schaufensterpuppen dekorieren
Im Kreis stehen Paare. Jeweils ein Partner stellt die Puppe dar, die durch den Dekorateur in eine Position gestellt wird. Nach ca. 10 Sekunden gehen alle Dekorateure gleichzeitig eine Puppe weiter und verändern die fixierte Position.

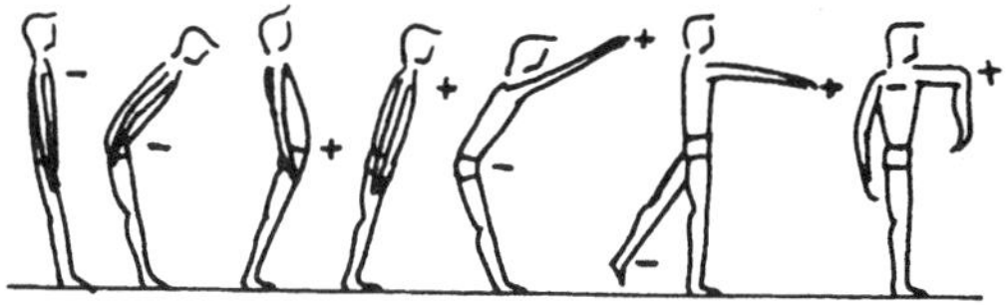

Magnetspiel
Ein Schüler stellt mit seinem Körper eine magnetische Masse dar, der Partner einen anziehenden Pluspol (Faust) bzw. einen abstoßenden Minuspol (gestreckte Hand). Im Stand reagiert der Schüler auf die unterschiedlichen Pole.

Rollbewegungen

Aufbauend auf Vorerfahrungen der Klassen 1 – 4 und teilweise der Spielwelt der Kinder sind Rollbewegungen fester Bestandteil des Bodenturnens. Rollen sind für das Schulturnen wesentlich vielfältiger zu nutzen, als das traditionell der Fall ist. Wenn erlernte und beherrschte Rollen für die Schülerinnen und Schüler im weiteren Turnunterricht interessant und reizvoll bleiben sollen, kann hierfür ein zielgerichtetes **Variieren** einen Beitrag leisten. Außerdem sichert eine Vielfalt an gekonnten Rollen den Schülerinnen und Schülern Wahlmöglichkeiten und schafft somit günstige Voraussetzungen für eine bewusste Mitarbeit.

Veränderungen der Ausgangs- und Endstellung bei der Rolle vorwärts, rückwärts und seitwärts, unterschiedliche zeitliche, räumliche und dynamische Akzentuierungen in der Bewegungsausführung (schnelle und langsame, kurze und weite Rollen, mehrere Rollen in Folge) sind Ausdruck der Vielfalt der Rollbewegungen. Ausgehend von unserem Anliegen, alle Schülerinnen und Schüler entsprechend ihren individuellen Lern- und Leistungsvoraussetzungen zu fördern, muss ihnen auch eingeräumt werden, nicht nur die eine Form der Rolle zu üben, sondern verschiedene Varianten und diese auch in Übungsverbindungen einzubringen. Dazu zählt auch die Rolle seitwärts.

Gerade durch das Variieren von Rollen können Kinder vielfältige Bewegungserfahrungen sammeln, ihr motorisches Niveau verbessern und ihre Körperwahrnehmung schulen. Mit dem sicheren Beherrschen von Rollbewegungen sind auch gute Grundlagen vorhanden, Rollen mit Partnern auszuführen (u.a. synchron) und Rollbewegungen auf andere Geräte zu übertragen (Bank/Balken, Parallelbarren). Frühzeitig im motorischen Lernprozess sind Rollen in Folge, auch in unterschiedlichen Varianten und in Verbindungen mit einfachen Turnelementen anzuregen. Ein Rollen mit Gegenständen zwischen den Füßen, Knien oder Oberschenkeln (wie Schaumstoffteile, Sandsäckchen oder Tennisringe) lockert das Üben auf (auch als Wettbewerb) und schult in spielerischer Form die angestrebte Körperspannung.

Notizen

Methodische Hinweise - Erleichterungen

Rückenschaukel
aus dem Sitz, Hockstand bzw. aus der Kerze zum Erspüren der „runden“ Rollbewegung (in den Hockstand oder Hockschrittstand kommen ist das Ziel)

Schiefe Ebene und **tiefer liegende Landestelle** erleichtern die Rollbewegung und ein Aufstehen ohne Nachstützen mit den Händen

Rolle vorwärts aus dem Stand in den Stand (Sprungrolle)

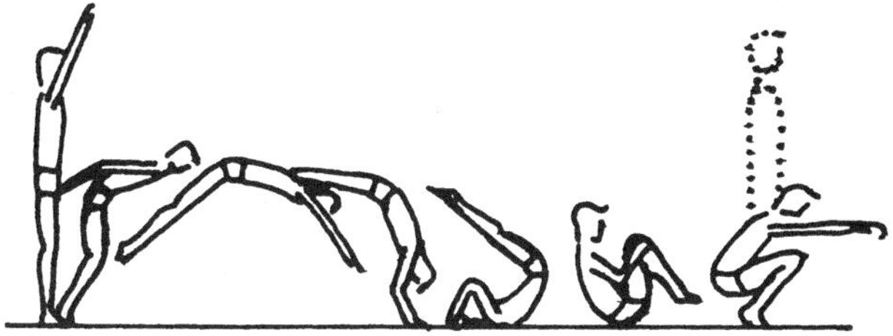

- ➢Aus dem Stand in die leichte Hocke senken,
- ➢Kopf vorneigen, Beine strecken und Gesäß anheben (sich rund wie ein Rad/Ball machen),
- ➢gestreckte Arme nach vorn bringen und Hände schulterbreit aufsetzen,
- ➢Beinabdruck, Arme beugen, auf den **Nacken aufsetzen** und rollen,
- ➢Umfassen der Unterschenkel, Füße zum Gesäß,
- ➢Schulter nach vorn bringen, Arme in Hochhalte und Aufrichten in den Stand.

- Von Anfang an auf ein Aufstehen ohne Nachstützen mit den Händen achten.
- Unterschiedliche Ausgangs- und Endstellung bewusst einsetzen.

Lernfolge

Rolle vorwärts gehockt

- zur Rolle mit Beinstreckung aus dem Stand (Ziel)
- zwei bis drei Rollen in Folge turnen, auch mit Wechsel der Ausgangs- und Endstellung
- zur Rolle vorwärts über Hindernisse (Medizinbälle, Partner), in einer Gasse bzw. durch Reifen
- zu den schwierigeren Formen

der **Sprungrolle aus dem Stand** bzw. **aus dem Anlauf auf eine Erhöhung**

Varianten durch Änderung und Kombination der **Ausgangsstellung** und **Endstellung**

Hockschrittstand

Grätschstand

Grätschsitz

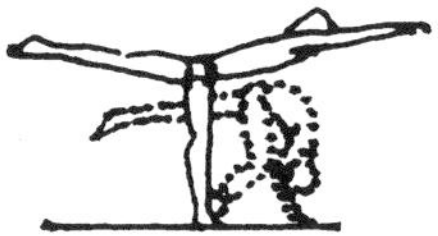

Standwaage

Kniestand

mit ¼ Drehung in den Kniestand

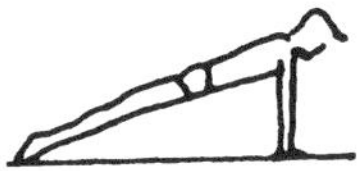

Liegestütz

Sitz/Liegestütz rücklings

Methodische Hinweise – Erleichterungen

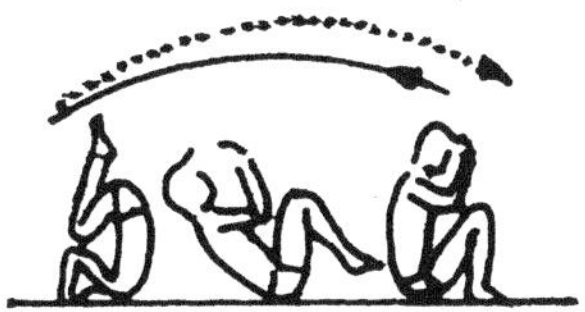

Rückenschaukel
aus dem Sitz bzw. dem Hockstand mit deutlichem Aufsetzen und möglichst mit Abdruck der Hände

Schiefe Ebene erleichtert die Rollbewegung

Rolle rückwärts aus dem Stand in den Stand

- Aus dem Stand in die leichte Hocke senken,
- Körpergewicht in die Rollrichtung bringen, Kopf zur Brust (sich rund machen wie ein Ball),
- schnelle Verlagerung des "runden" Körpers in die Rollrichtung,
- zügiges Aufsetzen der Handflächen neben den Ohren (verringert den Druck auf Kopf und Nacken), Abdruck der Hände und Aufrichten zum Stand.

- Rollen rückwärts bereiten vielen Schülern Schwierigkeiten. Änderungen der Körperproportionen verlangen oft ein „Neulernen" in höheren Klassen.
- Die Rolle rückwärts aus dem und in den Hockstand sollte in der Klasse 5 erlernt sein, damit Bewegungssicherheit für nachfolgende Klassen gegeben ist.

Lernfolge

Rolle rückwärts gehockt

- zur Rolle rückwärts aus dem Stand (Ziel)
- über mehrere Rollen rückwärts in Folge, auch mit Wechsel der Ausgangs- und Endstellung
- zu den schwierigen Formen

der **Rolle rückwärts aus dem Winkelsitz** bzw. **aus dem Stand** über den Winkelsitz mit Abstützen neben den Oberschenkeln

Varianten
durch Änderung der **Ausgangsstellung**

Hockstand | Stand | Winkelsitz | Stand über den Winkelsitz

Varianten
durch Änderung der **Endstellung**

Liegestütz | Kniewaage

Hockschrittstand | Bückstand | Grätschstand

Rolle seitwärts gestreckt (wälzen)

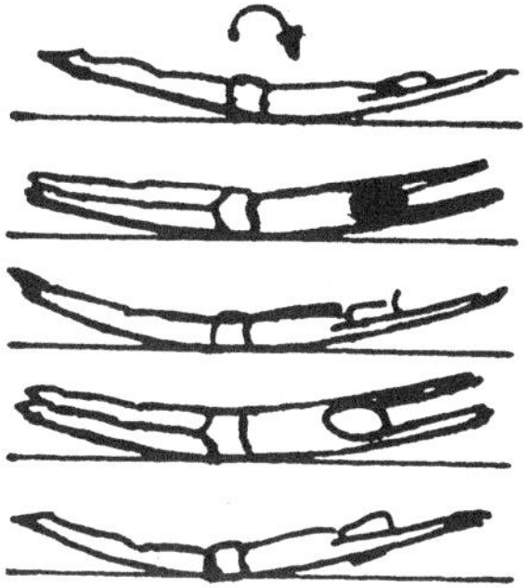

aus der Bauchlage in die Bauchlage

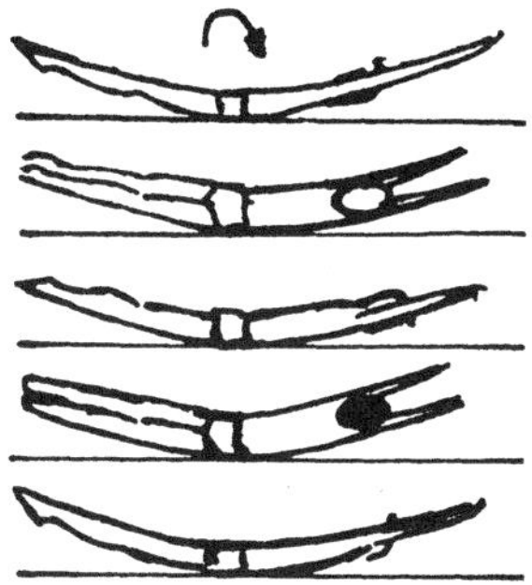

aus der Rückenlage in die Rückenlage

- ➢Bei guter Körperspannung leichtes Anheben der Arme und Beine,
- ➢Drehung durch Muskelzug und Gewichtsverlagerung einleiten,
- ➢die Körperspannung während der Wälzbewegung beibehalten.

V Mit Halten eines Balles/Seiles in den Händen
V Hände mit Handschluss
V betont langsame und schnelle Rollen
V Rollen links und rechts, auch im Wechsel

Rolle seitwärts gehockt

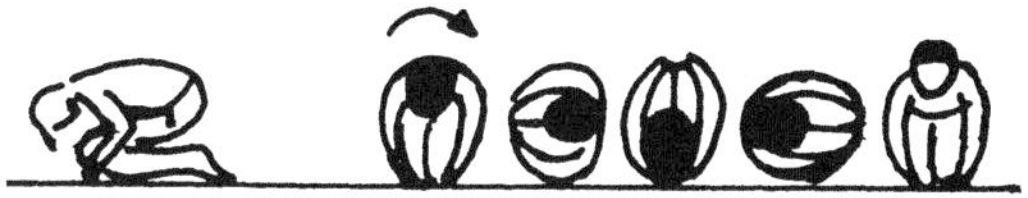

Die enge Päckchenhaltung wird über die gesamte Rollbewegung beibehalten.

Rolle seitwärts mit Grätschen der Beine

- Die Endposition der Rolle seitwärts sollte „turnerisch“ aufgelöst werden, u.a. über den Liegestütz, Winkelsitz, Hockstütz, Kniestand.

Rolle seitwärts gehockt, Heben in den Liegestütz, **Rolle vorwärts**

Rolle vorwärts, Strecksprung, **Rolle vorwärts**

Weitere Möglichkeiten:
Rolle vorwärts, Strecksprung, Rolle rückwärts
Rolle rückwärts, Strecksprung, Rolle vorwärts
Rolle vorwärts, Strecksprung ½ Drehung, Rolle ...
Rolle rückwärts, Strecksprung ½ Drehung, Rolle...

Rollen in Verbindungen

Verbindungen von zwei bis drei Rollen bzw. von Rollen mit einfachen Turnelementen sind frühzeitig im motorischen Lernprozess anzuregen. Der Lehrer gibt Anregungen, u.a. über Anschauungsmaterialien. Auch ein Turnen nach dem Prinzip „Vor- und Nachmachen“ bietet sich an.

Rolle vorwärts und rückwärts in Folge

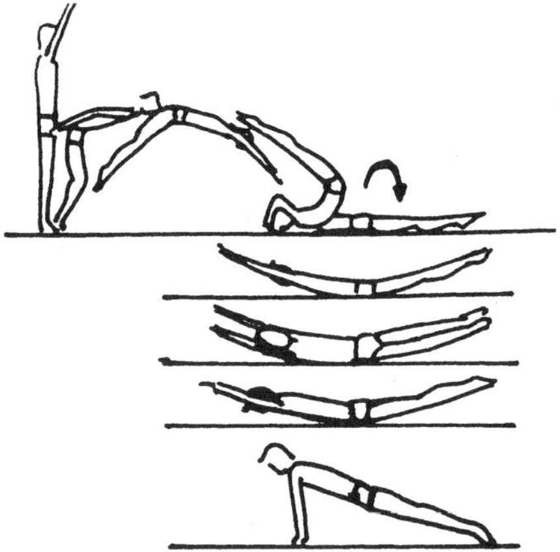

Rolle vorwärts in die Rückenlage, Rolle seitwärts gestreckt in die Bauchlage, über den Liegestütz, in den Hockstütz zum Stand

Rollen mit Körperkontakt

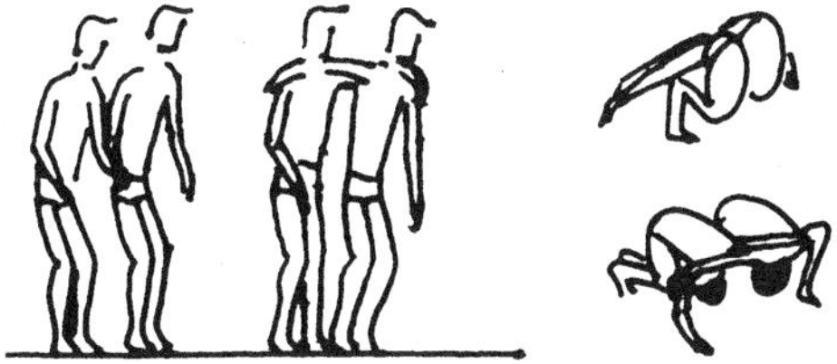

Rolle vorwärts aus dem Stand - mit Handfassen oder Einhaken oder Arme auf den Schultern

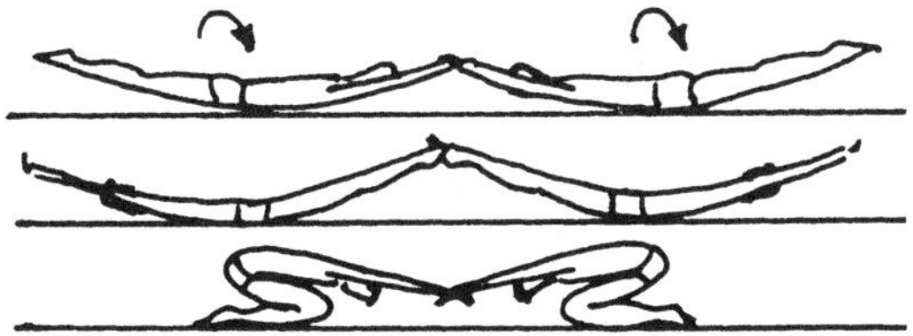

Rollen seitwärts mit Handfassen oder Fußkontakt

Zweierrolle

Rolle zu dritt

Rollen mit einem Partner und in Gruppen

Synchron durch gleichzeitigen Beginn und gleichmäßiges Tempo oder als **Kanon** (Welle) durch zeitlich versetzten Beginn. Möglichst mehrere Rollen in Folge in gleicher oder entgegengesetzter Richtung, in Linie, Reihe oder Gasse.

- Gemeinsamer bzw. versetzter Beginn, Abstände, Tempo, Raumwege und Richtungen erfordern Anpassung und Kooperation mit den Partnern.
- Blickkontakte, geeignete Musik und „Ruhepunkte" erleichtern das Rollen mit Partnern.

vorwärts

seitwärts

Notizen

Methodische Hinweise - Erleichterungen

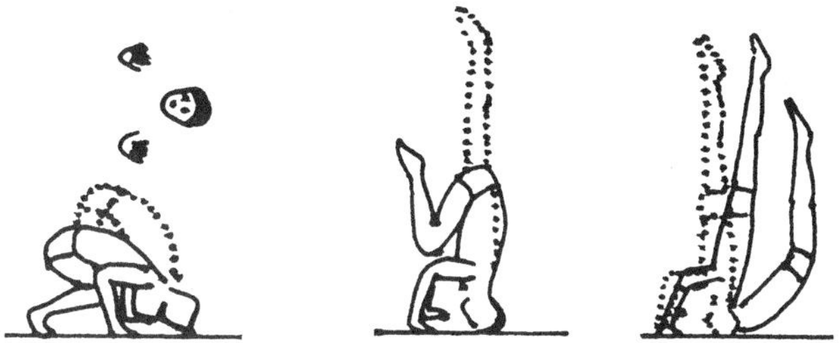

Stirn/Haaransatz und die Hände bilden ein Dreieck

Gesäß über Stütz bringen, stabilisieren, dann Beine strecken

erst abfallen, dann abrollen

Kopfstand aus dem Fersensitz auf dem Kastendeckel. Die Erhöhung erleichtert es, die angehockten Beine über den Stütz zu bringen (Helfer unterstützen).

Kopfstand aus dem Hockstand

Der Kopfstand ist ein typisches Turnelement des Schulturnens. Dem Reiz, relativ sicher „auf dem Kopf“ zu stehen, kann sich kaum ein Kind der 5./6. Klasse entziehen. Körperspannung ist für den Kopfstand notwendig und bewusst zu fordern.

➢ Kopf (Stirn/Haaransatz) deutlich vor den Händen aufsetzen (Markierungen sind hilfreich),
➢ Heben des Gesäßes über die Stützfläche, Beine bleiben gehockt, Körper ausbalancieren,
➢ Beine langsam strecken, Fixieren des gespannten und gestreckten Körpers (auch die Zehen),
➢ Abfallen des gestreckten Körpers, erst dann Kinn auf die Brust nehmen und abrollen,
➢ Aufrichten wie bei der Rolle vorwärts, ohne Nachstützen der Hände und in verschiedene Endlagen.

Θ Helfer unterstützen seitlich am Übenden stehend das Ausbalancieren, geben Stabilisierungshilfe am Gesäß bzw. an den Oberschenkeln (so viel wie nötig, so wenig wie möglich).

Methodische Hinweise – Erleichterungen

Kopfstand vor einer Wand

(Matte an die Sprossenwand gestellt bzw. Weichmatte).

Ausbalancieren und Stabilisieren werden erleichtert.

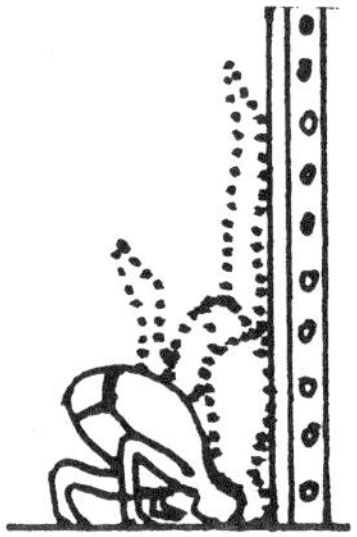

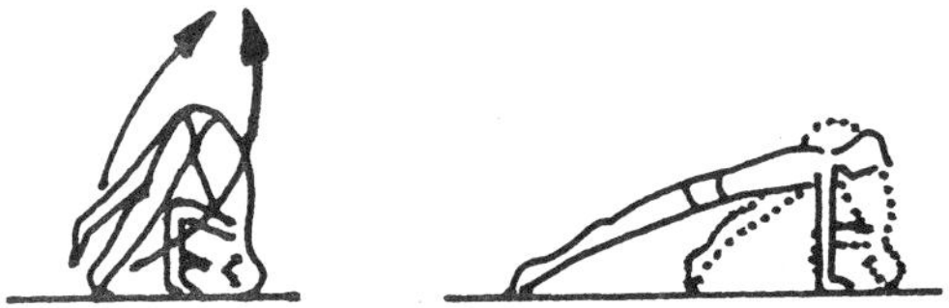

V Wird der Kopfstand aus dem Hockstand beherrscht, sollte er **aus dem Grätschstand** mit Heben der gegrätschten Beine oder **aus dem Liegestütz** mit angehockten oder gestreckten Beinen geübt werden.

⊖ Helfer können an den Hüften unterstützen.

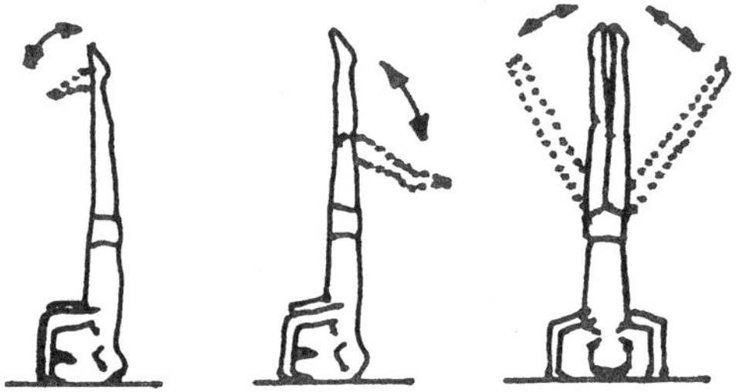

V Im Kopfstand verschiedene **Beinbewegungen** ausführen (Füße beugen und strecken, Unterschenkel beugen und strecken, Quer- oder Seitgrätschen der gestreckten Beine, auch nur mit einem Fuß bzw. Bein)

V **Gleichzeitiges Kopfstandstehen** mit einem Partner oder in Kleingruppen

Kopfstand in Verbindungen, z.B. Kopfstand – Abrollen – Strecksprung; Kopfstand – Abrollen – Rolle vorwärts oder rückwärts; Kopfstand – Rückbewegung – Rolle rückwärts oder vorwärts

- In Übungen verbinden sie Elemente und tragen zur Richtungsänderung bei.
- Mit der bewussten Betonung des Liegestützes als Turnelement wird auch eine Sensibilisierung für diese elementare Körperübung zur Kraftausbildung im Rahmen des Schulsports und für ein Üben zu Hause angestrebt.

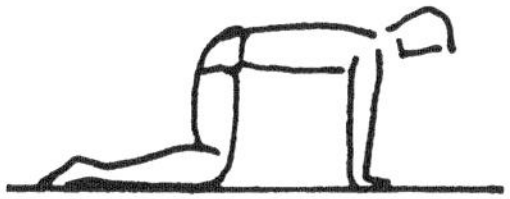

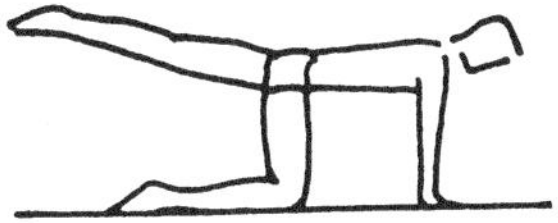

Bankstellung mit Rückspreizen in die Kniewaage (links und rechts mit Halte)

Bankstellung mit Seitspreizen (links und rechts)

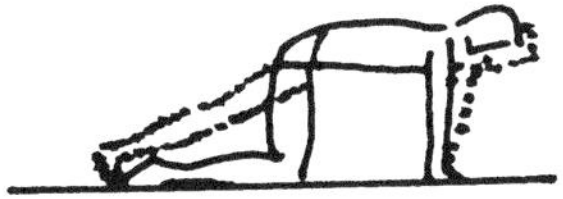

Bankstellung mit Wechsel in den Liegestütz vorlings

Liegestützvarianten

Liegestütze sind durchaus attraktive Anforderungen des Schulsports und der Ausgestaltung von Bodenübungen. Den unterschiedlichen Voraussetzungen der Schülerinnen und Schüler kann durch verschiedene Schwierigkeiten der Liegestützformen besonders gut entsprochen werden (Wahlmöglichkeiten).

- In spielerischer Form wird auf Haltung und Spannung orientiert und durch die Vielfalt der Varianten wird auch die Selbst- und Fremdbeobachtung angeregt.
- Richtig ausgeführte Liegestütze wirken ästhetisch und vermitteln Körpererfahrungen, indem Kraftaufwand und Stabilität verschiedener Varianten bewusst erfahren werden (auch mal Liegestütze mit geschlossenen Augen ausführen).
- Liegestütze sind effektiv in größeren Gruppen zu üben (auch ohne Matten).
- Liegestütze können statisch als „Halte“ und dynamisch mit Beugen und Strecken der Arme angeboten werden (auch betont langsam oder mit Fixieren von Zwischenpositionen und mit fließendem Wechsel verschiedener Stützformen).

Liegestütz vorlings
aus der Bankstellung
aus der Bauchlage
aus dem Kniestand
aus dem Hockstand

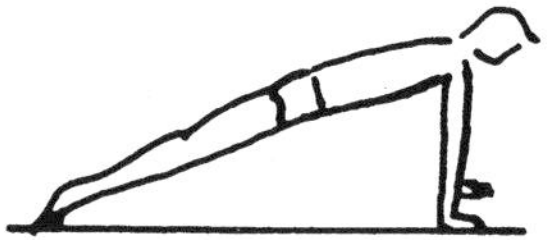

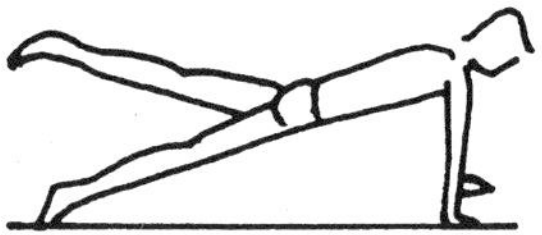

mit Rückspreizen

mit Seitspreizen

Liegestütz rücklings
aus dem Winkelsitz
aus der Rückenlage

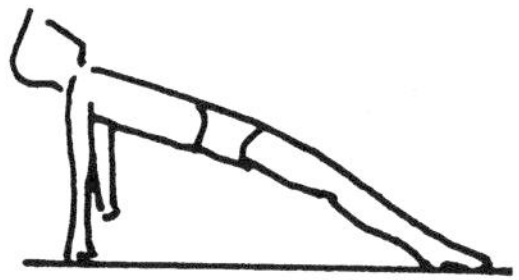

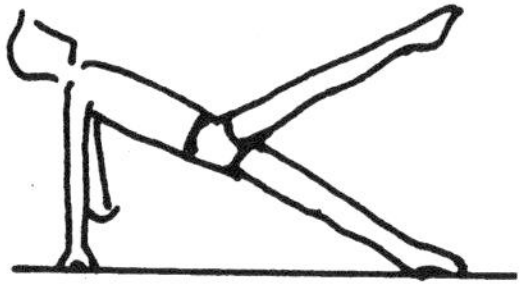

mit Vorspreizen

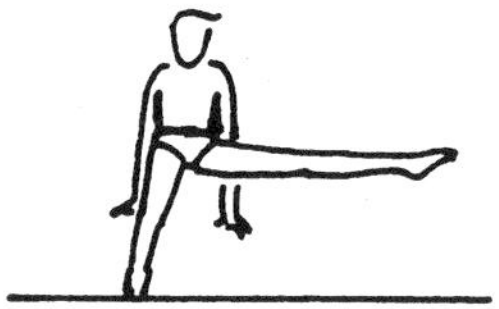

mit Seitspreizen

Liegestütz vorlings
mit Rumpfdrehen
seitwärts und zurück
(links und rechts)

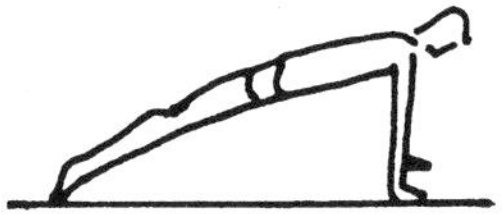

oder **mit ½ Drehung**
in den Liegestütz rücklings
bzw. in den Winkelsitz

Liegestützwechsel
von den Händen
auf die Unterarme
(Aerobicliegestütz)

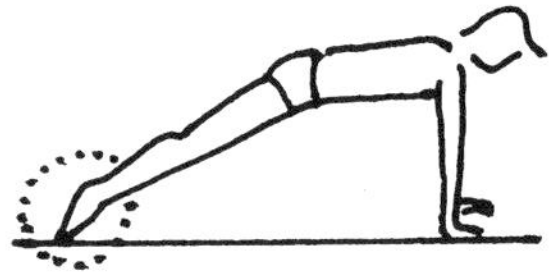

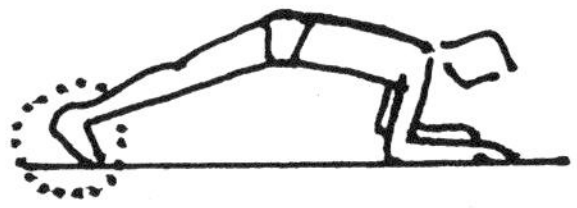

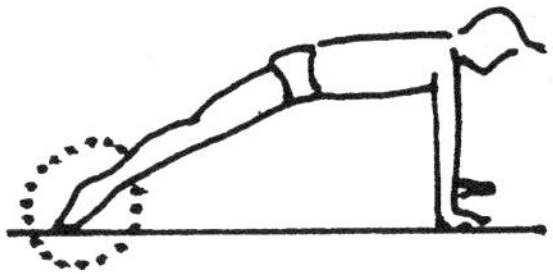

- Fußgelenke aktiv einsetzen

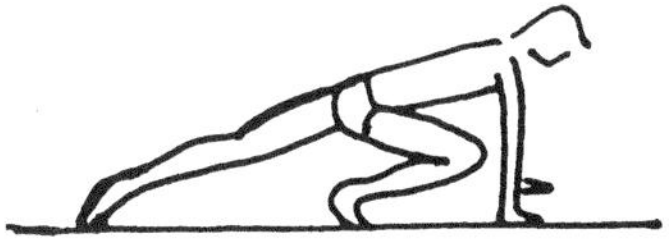

Hockliegestütz mit wechselseitigem Anhocken und Strecken eines Beines

Hockliegestütz mit wechselseitigem Seitstellen eines Beines

Liegestütz vorlings mit Wechsel in den Kniehockstütz und wieder zurück

Leistungsstarke Schüler können auch folgende Übungen probieren

Aus dem Liegestütz vorlings in den Liegestütz rücklings vorlaufen oder vorhocken (Hände bleiben am Boden)

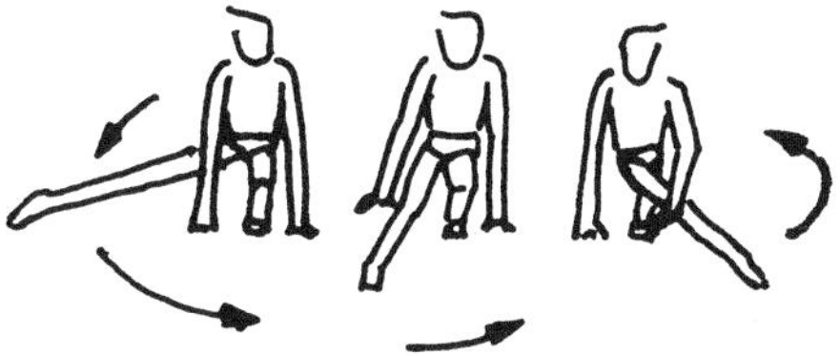

Aus dem Hockliegestütz Kreisspreizen eines Beines (das gestreckte Bein kreist unter dem Körper)

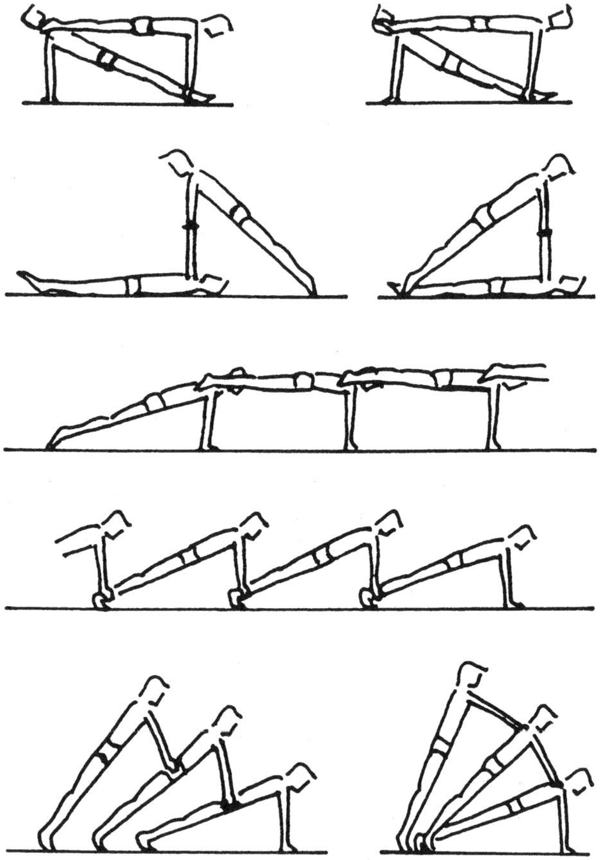

Liegestütze mit Partnern

Liegestütze mit einem Partner können stimulieren und die Einsatzbereitschaft fördern, auch im Rahmen des Paar- und Gruppenturnens (vgl. ab S. 43). Ein Paar turnt, ein zweites unterstützt und sichert.

Varianten und Gestaltungsmöglichkeiten ergeben sich durch:

- Die Einnahme unterschiedlicher Liegestützformen
- den Wechsel der Positionen durch die Partner
- ein Turnen mit anderen Partnern
- die Einnahme einer Halteposition
- Liegestütze mit Beugen und Strecken der Arme
  - von einem oder von beiden Partnern
  - gleichzeitig oder alternierend
- Liegestütze in Kleingruppen

Unterschenkelstand mit Körperpositionen **mit Handstütz nahe an den Knien**, Beinstrecken und Rückspreizen eines Beines

Nackenstand (Kerze)
Hände stützen am Rücken ab oder Arme liegen auf dem Boden auf, auch mit Beinbewegungen (Hocken, Grätschen, Spreizen)

Posen

Gymnastische Stände und Posen

Über ein Spielen mit dem Gleichgewicht können einfache Stände und Posen interessantes Übungsgut für die Schüler sein. Der Reiz liegt in ihrer sicheren und möglichst schönen Ausführung, wobei Körperspannung und Konzentration wichtig sind. Stände sind oft Ruhepunkte in einer Übungsverbindung. Bei den einbeinigen Ständen sollte rechts und links geübt werden, um für die Gestaltung der Verbindungen variabel zu sein bzw. die bessere Seite herauszufinden.

Kniewaage
aus der Bankstellung (mit Armvorhalte)

Standwaage
mit unterschiedlicher Armhaltung

Unterschenkel-Hockstand
(Kniestand)

Winkelsitz
gestützt und frei

- Erlernen und Festigen von Schritten und Sprüngen ist frühzeitig durch kleine Serien, Kombinationen und Verbindungen zu fördern.
- Beidseitiges Ausführen sollte angeregt werden, um Bewegungs- und Körpererfahrungen zu sammeln (auch um die bessere Seite herauszufinden, die dann im weiteren Üben bevorzugt werden kann).
- Als Armbewegungen (ein Arm oder beide Arme) können z.B. gewählt werden: Armführungen in Hochhalte, Vorhalte, Hüftstütz; Armschwünge tief-hoch, horizontal rechts-links, Gegenarmschwung; Armkreisen vorwärts, rückwärts; Gegenarmkreisen.

Für alle gymnastischen Gehschritte gilt

➢ Aufrechte Körperhaltung, kein Hohlkreuz, „Bauch einziehen",
➢ anfangs Arme in Seithalte, „Arme tragen", dann eigene Gestaltung.

Für Schritte im Ballenstand gilt

➢ Stets setzt der Fußballen auf, Füße rollen nicht ab,
➢ Beine bleiben gestreckt, langsames Tempo.

Gymnastische Schritte

- Schritte und Sprünge (Hüpfer) sind durchaus ansprechende Turnelemente, die ebenfalls sorgfältig zu üben sind. Sie können Verbindungselemente beim Boden- und Balkenturnen sein.
- Eine aufrechte, gespannte Körperhaltung erleichtert die Ausführung und bewirkt gleichzeitig die Bewegung ausdrucksvoll erscheinen zu lassen. Ein Gefühl der Größe, der Spannung soll u.a. durch Hinweise, wie „wachsen", „groß werden" vermittelt werden.
- Im Lernprozess (Kleingruppen) können selbst Lösungsmöglichkeiten angeboten werden, z.B.
  - mit verschiedener Schrittlänge, -frequenz, Tempowechsel, Fußaufsatz,
  - mit Partnerbezug (Hand-, Schulter-, Hüftfassung, vom Partner weg bzw. hin, mit Handklatsch, auch im Sinne von Vor- und Nachmachen),
  - auf unterschiedlichen Raumwegen und in verschiedenen Aufstellungsformen,
  - Improvisieren nach Musik, verbunden mit Ständen, Posen, kleinen Sprüngen, Drehungen, auch Nachahmen von Gangarten bei bestimmten Stimmungen oder von Tieren.

Tippschritte

Das gestreckte Spielbein (vordere Bein) tippt mit der Fußspitze kurz auf, bevor der Schritt vorwärts mit Anrollen des Fußes erfolgt (oder der Ballenstand wird beibehalten).

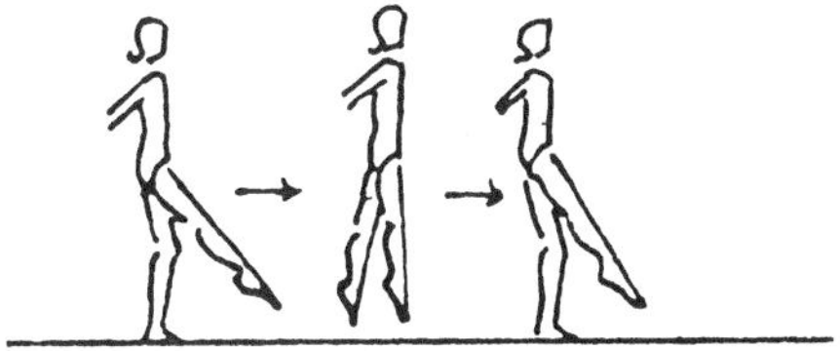

Nachstellschritte vorwärts, rückwärts, seitwärts

Das gleiche Bein beginnt stets den Schritt, es erfolgt ein Heranstellen des anderen Beines, mit Abrollen des Fußes oder der Ballenstand wird beibehalten (in dynamischer Ausführung mit kleiner Flugphase als **Nachstellsprungschritt)**.

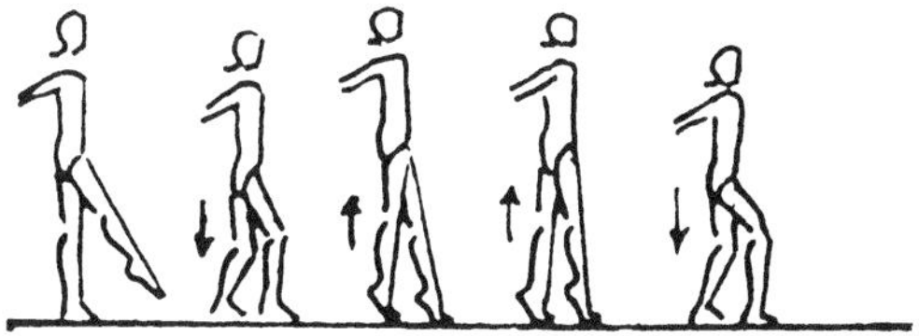

Dreitrittgehen (Walzerschritt)

3er-Rhythmus „ tief-hoch-hoch"
- erster Schritt mit geringer Kniebeuge (tief)
- zweiter Schritt mit Heben auf den Ballen (hoch)
- dritter Schritt auf dem Ballen (hoch)

Kreuztrittgehen seitwärts (Kreuzschritt)

Das Spielbein kreuzt vor oder hinter dem Standbein, auch im steten Wechsel vorn und hinten (als Partnerübung mit Schulterfassung).

Gymnastische Sprünge
mit beidbeinigem Absprung aus dem Stand

Strecksprung

➢Ausholbewegung durch Armschwung abwärts-rückwärts und Beugen der Beine,
➢Absprung mit schnellkräftiger Körperstreckung und Armschwung vorwärts-aufwärts mit Abbremsen,
➢Flugphase mit der für den Strecksprung charakteristischen Körperstreckung,
➢Landung mit Abrollen der Füße vom Ballen auf die Fersen und Beugen der Knie- und Hüftgelenke (auf elastisches Abfangen ist auch aus gesundheitlicher Sicht von Anfang an zu achten).

V Strecksprung mit ¼ bis 1/1 Drehung
V Strecksprung mit Beinbewegungen, z.B. Grätschen, Spreizen, Hocken
V Strecksprung aus und in eine leichte Schrittstellung (Wechselsprung)

Gymnastische Sprünge
mit einbeinigem Absprung

- erfolgen meist aus einigen Geh- oder Anlaufschritten oder Hüpfformen,
- Absprung mit aktivem Schwungbeineinsatz und Armeinsatz, Oberkörper aufrecht lassen,
- Landung erfolgt elastisch auf einem Bein (mit nachgebendem Beugen des Kniegelenkes und Abrollen vom Ballen auf die Ferse).

Schrittsprung (als weiter Laufschritt)
Landung erfolgt auf dem Schwungbein, auch mit Überspringen kleiner Hindernisse, zwei Partner können links und re. an den Armen unterstützen.

Schersprung

Sprünge mit Spielbeinvarianten

Methodische Hinweise – Erleichterungen

- Markierungen für Hand- und Fußaufsätze anbringen, auf Linien, in Gassen und Kreisbögen, turnen. Sie ermöglichen dem Übenden auch eine Sofortinformation.

- Kreisbogen immer flacher gestalten
- Ein Mitsprechen der Fuß-Hand-Hand-Fußaufsätze wirkt unterstützend (li-li-re-re / re-re-li-li).
- In der Anfangsphase sollte sich auf die „bessere" Seite konzentriert werden. Ein gekonntes Rad stimuliert das Lernen auch zur anderen Seite.

⊖ Der Helfer steht an der Rückseite und gibt mit Klammergriff an den Hüften Drehhilfe (ein Mitgehen ist erforderlich).

Handstütz-Überschlag seitwärts (Rad)

Das Rad gehört zu den Turnelementen, die von Kindern im freien Spielen oft spontan gezeigt werden. In „guter" Ausführung ist das Rad ein wirkungsvolles Element des Bodenturnens.

- ➢ Stand, Arme in Hochhalte, Körperspannung,
- ➢ großer Schritt vorwärts (links) mit schwungvollem Vorbeugen des Rumpfes und Rückschwung des rechten Beines, weites Vorfassen und Aufsetzen der Hände nacheinander (links dann rechts) auf der Geraden,
- ➢ Durchschwingen der Stützphase mit „Langmachen" in den Schultern,
- ➢ Abdrücken der Hände (wieder nacheinander) mit „Wegschieben des Bodens",
- ➢ bis in die Endstellung Körperspannung bewahren, Arme in Hochhalte.

Lernfolge

„Radeln" rechts und links (Füße setzen nacheinander auf, zuerst flach, dann steiler)
- aus dem **Querstand vor der Turnbank** und über Hindernisse (Ball)
- aus dem **Stand auf einer Erhöhung** (Stütz auf der Erhöhung, Landung tiefer)
- aus dem **Stand über eine schiefe Ebene**

Varianten
- Rad auf einem Kreisbogen
- Rad auf der Geraden (Linie)
- Rad über ein Hindernis (z.B. Medizinball)
- Rad mit Weitenorientierung
- Rad aus dem Anlauf oder Anhüpfen
- Rad mit Stütz eines Armes
- Rad zur anderen Seite
- Rad mit Partner (Stand mit Rücken an Rücken)
- Rad in den Ausfallschritt

Verbindungen

- Räder in Folge (nach einer Seite)
- Rad rechts und Rad links im Wechsel
- Rad und Rolle vorwärts
- Rolle vorwärts und Rad
- Rad und Rolle rückwärts

Radwende als eine Variante
(Handstütz-Überschlag seitwärts mit ¼ Drehung)

➢ Nach der Senkrechten schließen die Beine mit anschließender ¼ Drehung

• zuerst wieder von einer Erhöhung üben

- Langmachen in den Schultern „Boden wegschieben“, Blick auf die Hände (die richtige Kopfhaltung wird damit erreicht),
- Anfallen des gestreckten und gespannten Körpers über die Senkrechte (sichert ein „stauchfreies“ Abrollen und muss als ein Schwerpunkt des Handstandes verstanden werden, auch um negative Erfahrungen zu vermeiden),
- dann erst Arme langsam mit Kraft beugen, Kopf (Kinn) zur Brust, „Rund machen“ und abrollen zum Stand.

ϴ Helfer unterstützen die Stabilisierung der Handstandposition durch Klammergriff am Oberschenkel (siehe Rückseite).

ϴ Das Abrollen verzögern die Helfer anfangs durch Zug nach oben.

In spielerischer, kommunikativer Form sollte durch die Helfer die Muskelspannung geprüft werden, z.B. gespanntes Gesäß, Zehenstreckung; Hinweis: „Zur Decke strecken“ oder „5 cm wachsen“. Die Erfahrung, dass gestreckte Arme das Stehen im Handstand wesentlich erleichtern, ist ein weiteres Anliegen.

Handstand

Der Handstand gehört zu den attraktivsten Elementen des Turnens. Durch den flüchtigen Handstand zu turnen ist das anzustrebende Ziel. Für „Könner“ ist dann das Stehen im Handstand die logische und oft selbstgestellte Bewegungsaufgabe. Bewegungserfahrungen von Rolle vorwärts und Kopfstand betreffs der Körperspannung und des Abrollens sind zu nutzen.

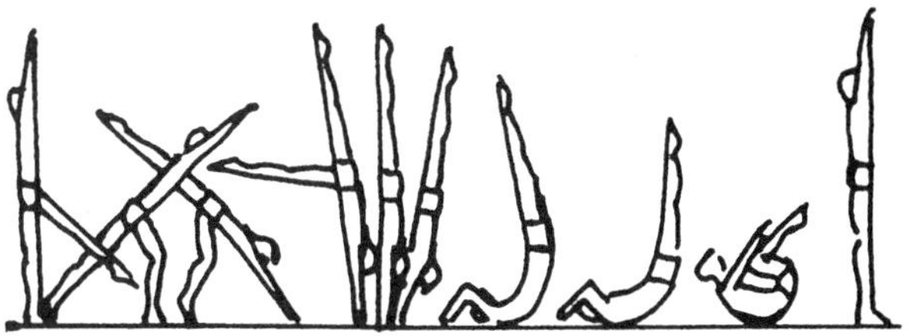

Schwingen in den Handstand und Abrollen

- Bereits im Stand Körperspannung aufbauen, Arme in Hochhalte, großer Schritt vorwärts,
- weites Vorfassen der gestreckten Arme zum schulterbreiten Aufsetzen der Hände, Einsatz des Schwungbeines sowie Strecken und Abdruck des Standbeines,

Methodische Hinweise – Erleichterungen

Handstand mit Rückbewegung
- Zuerst mit aufgestützten Händen und gestreckten Armen
- dann Schwingen in den Handstand aus dem Stand

Θ Helfer geben u. U. Stabilisierungshilfe und unterstützen die Rückbewegung an den Hüften.

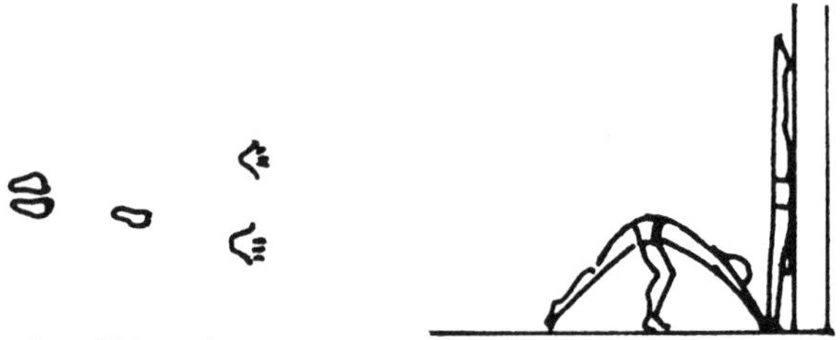

an der Wand
Handstütz ca. 20 cm vor der Wand/Matte (auf offenen Arm-Rumpf-Winkel achten)

mit einem oder zwei Helfern

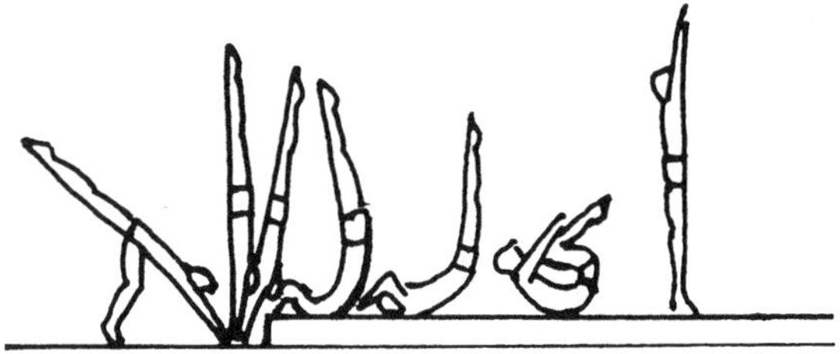

Abrollen auf einer Erhöhung
Zwei dünne Matten (ca. 14 cm) erleichtern das Abrollen. Der Handstütz erfolgt unmittelbar vor den Matten.

Verbindungen
- Handstand - Abrollen, Strecksprung
- Handstand – Abrollen, Rolle vorwärts (Sprungrolle)
- Handstand – Abrollen, Rad
- Handstand – Rückbewegung, Rolle rückwärts
- Handstand – Rückbewegung, Rolle vorwärts
- Standwaage, Handstand mit aufgestützten Händen

Übungsverbindungen

Wenn im Rahmen des Bodenturnens jedem Schüler vielseitige Entscheidungsmöglichkeiten hinsichtlich geeigneter Turnelemente zugebilligt werden, so trifft das zwangsläufig auch für die anzustrebenden Übungsverbindungen zu. Diese Offenheit ermöglicht, Übungsverbindungen mit 6 bis 8 Elementen anzubieten, auch wenn sehr unterschiedliche Leistungsvoraussetzungen vorliegen. Jeder Schüler kann seine Übungsverbindung so zusammenstellen, dass seine „Stärken“ zur Geltung kommen und Bewegungsschwächen weniger deutlich werden.

Rolle vorwärts und rückwärts, Kopfstand, Rad und u.U. Handstand werden auch weiterhin wesentliche Inhalte von Übungsverbindungen darstellen. Durch die stärkere Berücksichtigung der individuellen Voraussetzungen und Wünsche der Schülerinnen und Schüler wird auch erwartet, dass diese individuell geprägten Übungsverbindungen zur Identifizierung mit dem Turnen beitragen und die Übungsverbindungen schrittweise über Klassen hinweg bis zur 8. (10.) Klasse systematisch erweitert und verändert werden.

Auch für den Lehrer ergeben sich neue Momente, indem er noch vielfältigere, gleichzeitig personengebundenere Anregungen geben muss – auch um helfend abzusichern, dass die Schüler ihre Freiräume nutzen bzw. überhaupt nutzen können und nicht aus Mangel an Erfahrungen alle nur „eine“ traditionelle Übungsverbindung favorisieren.

Durch bewusstes gegenseitiges Beobachten, Beraten und Helfen werden auch Einsichten vermittelt und Verhaltensweisen angeregt. Jede Übungsverbindung, die im Rahmen individueller Möglichkeiten mit Anstrengung erlernt wurde, ist zu akzeptieren und positiv zu werten.

Die nachfolgenden Beispiele sollen das Prinzip des Zusammenführens von vielen, z.T. sehr einfachen Bodenelementen zu Übungsverbindungen verdeutlichen und Anregungen geben. Ein Abweichen von der Bewegungsrichtung links nach rechts wird durch Pfeile ausgewiesen (gilt für alle Verbindungen).

Rolle vorwärts in den Hockstand

Bankstellung und Kniewaage

Fersensitz und Rolle seitwärts

Handstütz nahe an den Knien, Beinstrecken und Rückspreizen eines Beines

Aufrichten und Wechselsprung

Standwaage mit Rolle vorwärts

Strecksprung mit ½ Drehung

Rolle rückwärts

Winkelsitz, Heben in den Liegestütz rücklings, ½ Drehung in den Liegestütz vorlings

Kopfstand, Abrollen zum Stand

Die Übung kann auch mit dem Handstand begonnen werden.

Paar- und Gruppenturnen – Partnerakrobatik/Pyramidenbau

In höheren Klassen können durch diese Form des gemeinsamen Turnens neue und jugendgemäße Impulse gesetzt werden. Zwangsweise müssen sich die Partner aufeinander abstimmen, werden Kommunikation und Kooperation, das vertrauensvolle Miteinander-Umgehen gefördert. Damit verbunden sind differenzierte Aufgaben, so dass jeder Schüler besonders seine Stärken einbringen kann; in der Regel übernehmen die Schüler mit etwas mehr Gewicht die „tragenden" Aufgaben der unteren Person.

Die selbstständige Wahl von Partnern (zumindest zum Anfang) soll auch dazu beitragen, dass Schüler und Schülerinnen bzw. Schülergruppen gut miteinander umgehen können, weil durch den direkten Körperkontakt eine erhöhte emotionale Befindlichkeit gegeben ist. Paare oder Gruppen helfen sich gegenseitig, stärken dadurch das vertrauensvolle Miteinander und erweitern ihre Bewegungserfahrungen.

Von Anfang an ist auf eine gerade Körperhaltung zu achten (kein Hohlkreuz bzw. Rundrücken). Der leichtere Schüler sollte vorrangig die obere Position mit entsprechender Körperspannung einnehmen; die untere Person kann dann besser ausbalancieren. Eine gute Standsicherheit erleichtert das Ausbalancieren, deshalb nicht zu weiche Matten nutzen. Es sollte in Gymnastikschuhen oder in Socken geturnt werden, damit Stützstellen nicht als unangenehm empfunden werden und auch wegen eines besseren Balancegefühls.

Absprachen zu den Positionen, zum Auf- und Abbau der Figur, zum Helfen und Sichern, zur Kommandogebung sind vor den eigentlichen Versuchen zu treffen. Ein Aufbau sollte zügig, aber nicht zu hastig erfolgen; die Figur nur kurz gehalten werden (ca. 5 Sekunden); aus oberen Positionen wird abgestiegen, nicht abgesprungen; der Abbau erfolgt in der Regel in umgekehrter Folge zum Aufbau. Zeichnungen und Bilder zur Partnerakrobatik haben Aufforderungscharakter und ermöglichen ein relativ selbstständiges Handeln unter Einbeziehung aller Schülerinnen und Schüler (dies ist u.a. ein Anliegen der folgenden Karteiseiten). Der Lehrer wirkt unter diesen Bedingungen stärker beratend und helfend.

Bankstellung

Unterposition

- ➢Arme schulterbreit und senkrecht aufsetzen, die Beine hüftbreit und die Oberschenkel senkrecht stellen,
- ➢der Obermann stützt auf Becken und Schultern; dabei setzen die Hände zuerst auf, dann nacheinander die Füße,
- ➢ein Paar turnt, ein zweites unterstützt und sichert.

Rückenlage
Unterposition

- ➢Der Rücken liegt voll auf, Beine angewinkelt, Füße hüftbreit aufgesetzt, gestreckte Arme senkrecht,
- ➢ein Paar turnt, ein zweites unterstützt und sichert.

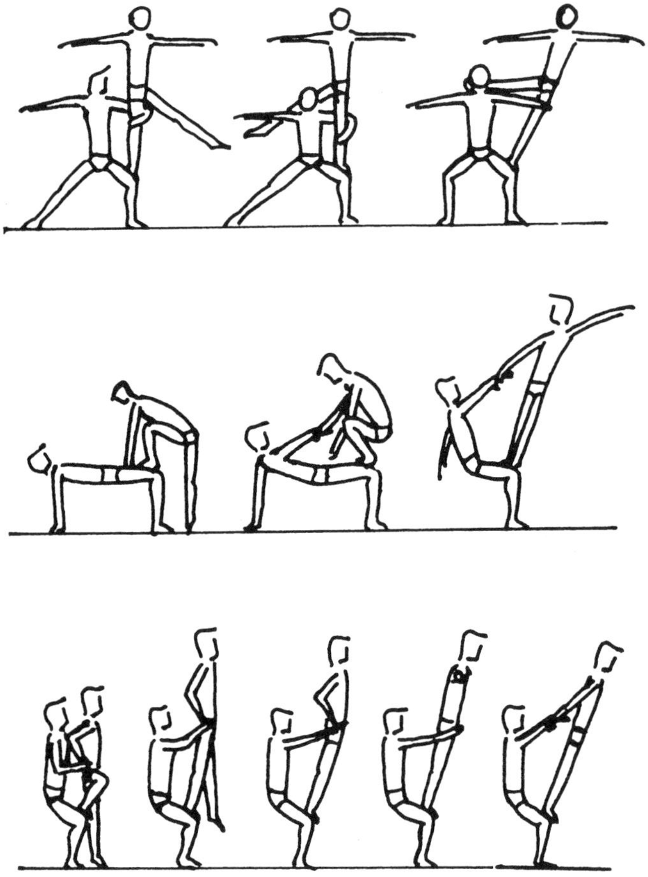

Stand mit leicht gebeugten Beinen

Unterposition

„Stuhl“ Handgelenksgriff

- Oberkörper senkrecht halten, nicht vorbeugen,
- Ober-, Unterschenkel und Füße bilden eine Linie (Knie nicht nach innen drehen),
- ein Paar turnt, ein zweites unterstützt und sichert,
- dabei kann ein Helfer in Bankstellung als „Stuhl“ die leicht gehockte Position anfangs stabilisieren.

Pyramiden zu dritt

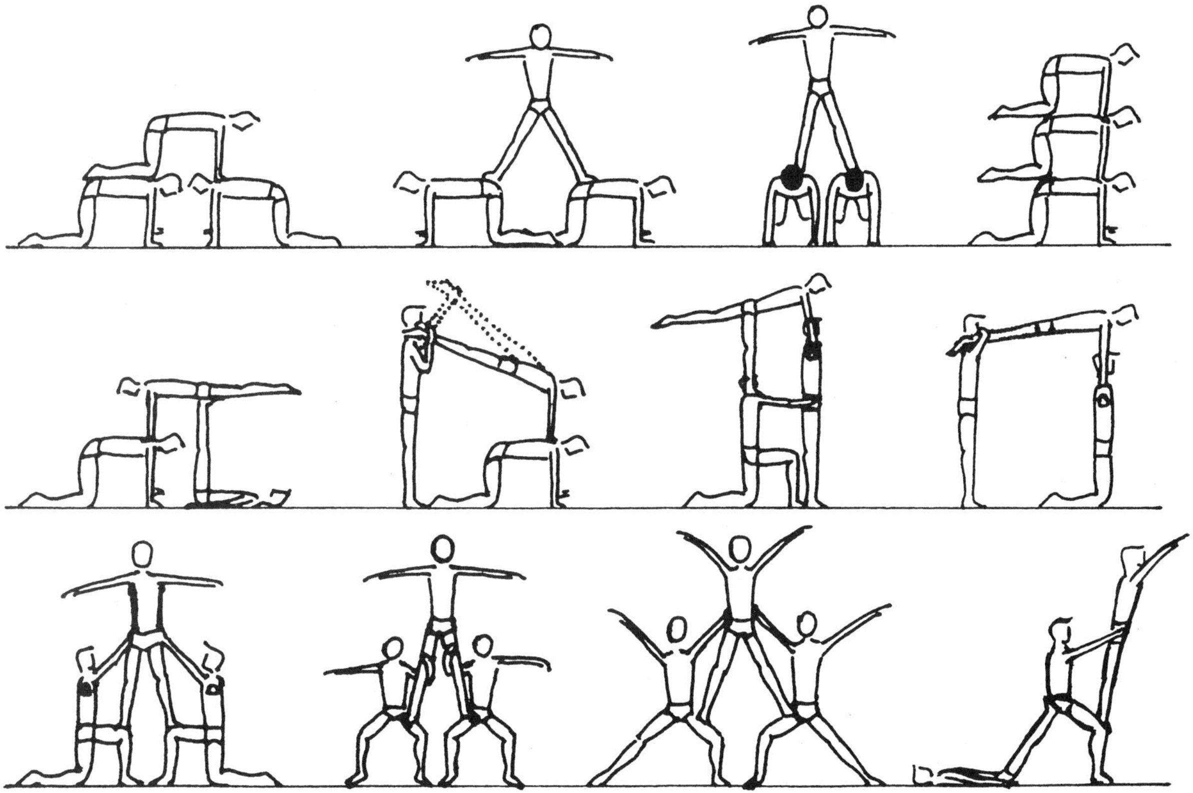

Pyramiden in größeren Gruppen

Synchronturnen in Übungsverbindungen

Besonders ab Klasse 8/9 sollte – aufbauend auf Voraussetzungen des Turnens in den Klassen 5 - 7 – das Synchronturnen stärker berücksichtigt werden. Dadurch sollen jugendgemäße Akzente beim gemeinsamen Turnen genutzt werden. Das Bodenturnen bietet sich dabei besonders an, aber auch an den anderen Geräten sind Möglichkeiten des gleichzeitigen und gemeinsamen Turnens von zwei oder mehreren Schülerinnen und Schülern gegeben. Dieses gemeinsame Turnen ist mehr als ein „Vormachen und Nachmachen", weil ein intensiver Informationsaustausch, ein Bewegungsdialog zwischen den Partnern erforderlich ist, verbunden mit Eingehen auf die Stärken und Schwächen der Partner. Die Schülerinnen und Schüler sollen ihre eigenen Übungen zusammenstellen. Die nachfolgenden Beispiele sind als Anregungen zu verstehen.

Zu zweit nebeneinander beginnend

Rolle vorwärts – zum Liegestütz stützeln oder vorhechten – Rückspreizen eines Beines (links und rechts) – Hockstütz – Strecksprung – Standwaage – Strecksprung mit ¼ Drehung zum Partner

Zu zweit gegenüber beginnend

⇓ ⇓

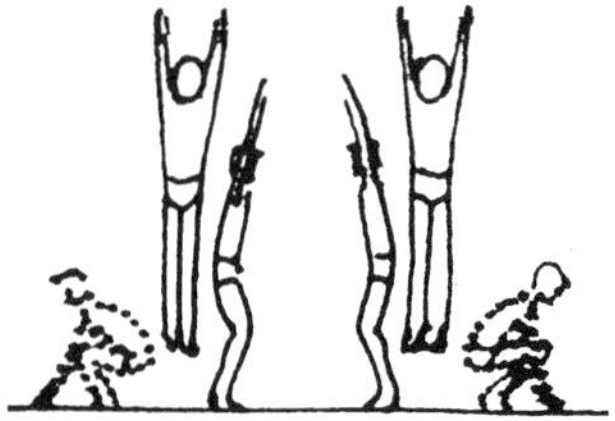

Rolle seitwärts aus der Bauchlage in die Bauchlage (mit Handfassung)

in den Liegestütz heben (auch mit einmal Beugen/Strecken)

½ Drehung in den Winkelsitz, Nackenstand mit Fußkontakt

Rückrollen in den Hockstand

Strecksprung mit ½ Drehung zueinander

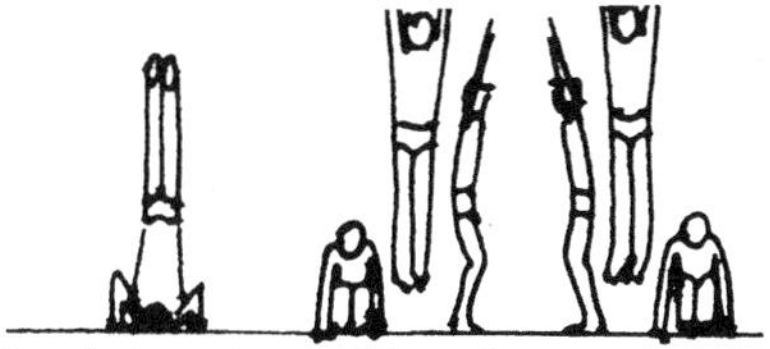

Rolle seitwärts gehockt ⇓

in die Kniewaage mit Handauflegen oder klatschen

Hockstütz, ¼ Drehung im Hockstütz ⇓

Sprung in den Grätschstand

Kopfstand

Strecksprung (mit ¼ Drehung zum Partner)

Mehrere Schüler nebeneinander (günstig ist ein Beginn vor dem Läufer)

Rolle vorwärts (z.B. aus dem Grätschstand)

Rolle vorwärts in den Hockstütz

Strecksprung mit ½ Drehung ⇐

⇐ drei Schritte (z.B.Tipp- oder Nachstellschritte) ⇐

Standwaage mit Handfassung

zum Stand mit Handfassung

NOTIZEN

Stützsprünge (Bock, Kasten, Pferd)

Stützsprünge über Sprunggeräte (Bock, Kasten oder Pferd) aus dem Anlauf mit Absprung vom Sprungbrett stellen für die Schüler besondere Herausforderungen dar, denen sie sich gern stellen. Jüngere Schüler werden durch den Reiz des Springens auf und über Geräte in besonderer Weise angesprochen. Diese positive Ausgangssituation ist durch ein angemessenes methodische Vorgehen zu nutzen, indem ein erfolgs- und erlebnisreiches Springen bei gleichzeitiger Vermeidung negativer Erfahrungen durch Anstoßen an das Gerät oder Stürze erreicht wird. Außerdem kann die Leistungsbereitschaft durch ein Springen in Gruppen (Riegen) angeregt werden; nach dem Motto „Was der kann (sich zutraut), kann ich auch".

Erfolgreiches und sicheres Erarbeiten der Stützsprünge setzt voraus, dass die notwendigen Lernvoraussetzungen beachtet bzw. geschaffen werden. So können bereits im Sportunterricht in der Grundschule wesentliche Teilhandlungen eines Sprunges, das richtige Lande- und Absprungverhalten mit vielfältigen Übungen, Unterrichtsinhalte sein. Dennoch sind diese Voraussetzungen für die Stützsprünge in Klasse 5 wiederholend abzusichern. Ohne deren Beherrschung ist das Springen auf und über Geräte für Schüler und Lehrer wenig motivierend. Gerade im Sprung sind negative Erlebnisse zu vermeiden, weil damit Ängste und Hemmungen verbunden sind, die den weiteren Lernprozess sehr erschweren können.

Sprunggrätsche und Sprunghocke sind koordinativ schwierige Bewegungsaufgaben, da in kurzer Zeit Anlauf, Absprung, 1. Flugphase, Abdruck, 2. Flugphase und Landung so miteinander abgestimmt werden müssen, dass der Sprung gelingt. Negative Erfahrungen im Übungsprozess für Schüler und Lehrer haben oft ihre Ursache in individuellen Überforderungen. Ein Üben an zwei bis drei unterschiedlichen Sprungstationen, die auch einfache vorbereitende Übungen enthalten, schafft differenzierte Angebote. Wird der Sprung bereits häufig vor dem Brett abgebrochen, ist davon auszugehen, dass der Schüler Angst vor dem Sprung hat und sich überfordert fühlt. In diesem Fall ist es günstig, dem Schüler Gelegenheit zu geben, mögliche Erleichterungen anzunehmen. Dazu sind Empfehlungen durch den Lehrer oft hilfreich.

Die Gerätfolge Bock – Doppelbock – Kasten/Pferd ist im Lernprozess sinnvoll, um kontinuierlich die Verlängerung besonders der ersten Flugphase zu erreichen. Am Bock kann die Grätsche vor der Hocke erlernt werden. Für viele Schüler ist die Grätsche leichter als die Hocke, weil die Beine neben den Bock geführt werden können und der Rücken/das Gesäß weniger stark angehoben werden müssen. Gerade das Anheben des Rückens/Gesäßes ist im weiteren Lernprozess ein wesentlicher Schwerpunkt.

Helfen und Sichern nicht nur durch den Lehrer, sondern auch durch geeignete Schüler, muss ein gemeinsames Anliegen von Lehrern und Schülern sein, um einen effektiven Turnunterricht zu ermöglichen. Bei den ersten Versuchen sollte der Lehrer helfen, um mögliche Ängste gering zu halten und einen gefahrlosen Sprung zu garantieren. Dann kann bei entsprechendem Niveau Hilfe durch geeignete Schüler erteilt werden. Der Lehrer sollte die Fertigkeit des Helfens stets kontrollieren und korrigieren. Auch Helfen und Sichern müssen erlernt werden. Der einfachste und wirkungsvollste Griff ist der Klammergriff am Oberarm des Übenden. Er muss anfangs bis in den Stand beibehalten werden, d.h. der Helfer muss bis zur Landung mitgehen. Werden die Sprünge beherrscht, genügt ein Helfer.

Sprunggrätsche
halber Klammergriff

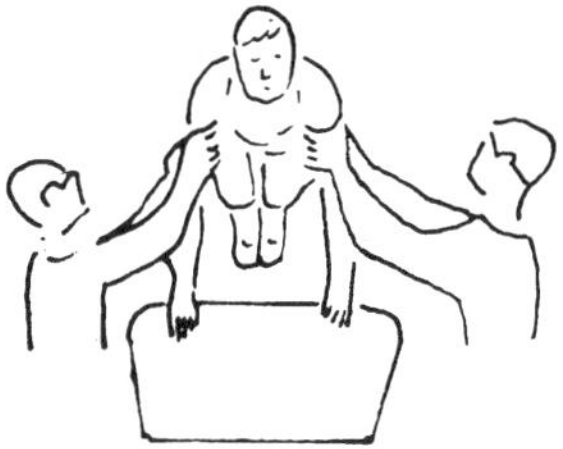

Sprunghocke
Klammergriff

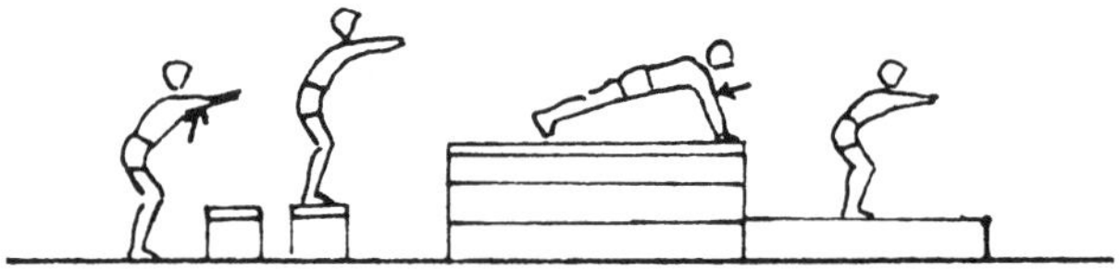

Übungen für das Erlernen des Helfens
Aufsprung am Kasten
aus dem Liegestütz Hocke bzw. Grätsche

Alle Landeübungen auf normaler Bodenmatte, keine Weichmatte, und aus relativ geringer Niedersprunghöhe ausführen.

Imitation der Landeposition

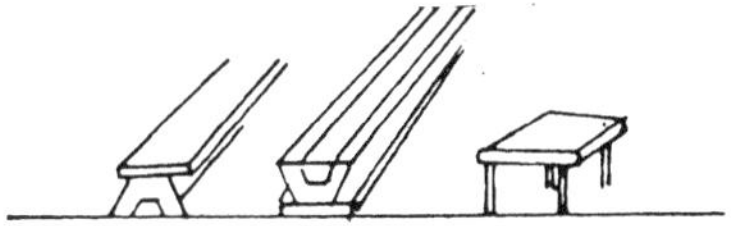

Landung aus Strecksprungvarianten
am Boden
von Erhöhungen (Turnbank, Turnhocker)

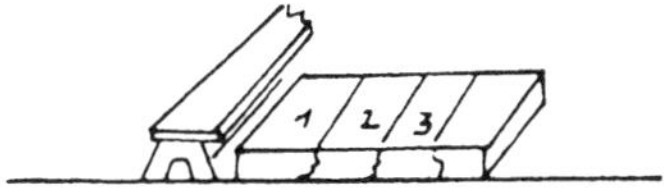

in verschiedene Landezonen (Kreide, Seile)
über Hindernisse und Gräben

Rolle vorwärts, Strecksprung

Landung (Vorbereitende Übungen)

Ein elastisches, den Landedruck reduzierendes Verhalten ist wichtig und muss geübt werden; nicht vorrangig, um einen turnerischen Stand zu erreichen, sondern aus gesundheitlicher Sicht. Die Landung wird oft vernachlässigt, weil mit dem Überwinden des Gerätes die Bewegungsaufgabe erfüllt erscheint. Auf ein bewusstes Landeverhalten ist von Anfang an zu orientieren. Konsequent sind Ausführungs- und Korrekturhinweise zu geben, um die Gewohnheit für das zweckmäßige Landen auch bei Abgängen von Geräten auszubilden.

- Nachgebendes Beugen der Fuß-, Knie- und Hüftgelenke,
- Rücken gerade, Arme Schräg-Vor-Hochhalte,
- Verharren in der Beugeposition (mittlere Kniewinkel ca. 90 °) und Aufrichten.

Absprungübungen sind belastungsintensiv, deshalb nicht zu viele Absprünge hintereinander ausführen.

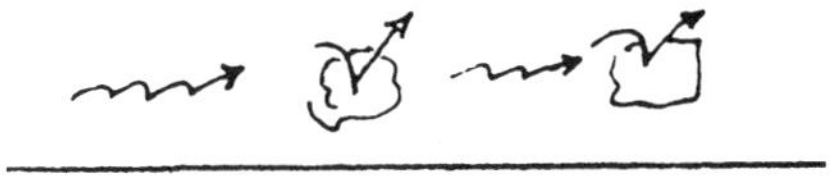

Auf dem Boden aus Gehschritten
- beidbeiniger schnellkräftiger Absprung
- dann aus wenigen Laufschritten
- von markierter Absprungstelle (Kreide, Seile)

Aus dem Stand auf dem Sprungbrett
vier bis fünf Absprünge in Folge (Partner können an den Händen unterstützen), Sprünge mit Arme in Hüftstütz oder Hochhalte, auch mit Landung auf einer Matte

Absprung (Vorbereitende Übungen)

Durch den Absprung wird ein Bewegungsimpuls entwickelt, der die Qualität des gesamten Sprunges bestimmt. Mängel im Absprung führen zwangsläufig zu Problemen in den nachfolgenden Bewegungsphasen. Beim Absprung vom Brett ist eine Übereinstimmung des Absprunges mit der Eigenschwingung des Brettes zu erreichen.

- Vorspannung des gesamten Körpers mit „Feststellen“ der Gelenke,
- kurzer schnellkräftiger Absprung mit Strecken der Fuß- und Kniegelenke mit Armschwung vorhoch, „Bauch einziehen“,
- bei Sprüngen in Folge kein sichtbares nachgebendes Beugen der Gelenke.

Noch Absprung (Vorbereitende Übungen)

Absprünge vorwärts von Brett zu Brett
mit und ohne Zwischensprung (auch geführt mit Handfassung durch zwei Partner)

Wandersprünge im Kreis

- mit Platzwechsel
- mit oder ohne Handfassung (auch ohne Bretter, in Markierungen möglich)

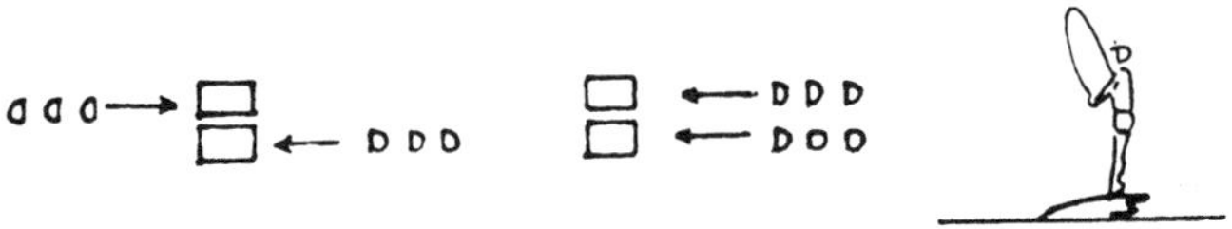

Synchronspringen im Strom nebeneinander, auf eine Erhöhung und aus wechselnden Richtungen

Strecksprungvarianten (mit Beintätigkeiten, in Landezonen, über Hindernisse, auf eine Erhöhung; siehe auch Minitramp S. 67)

Abdruck (Vorbereitende Übungen)

Ein Abdruck vom Gerät zur zweiten Flugphase ist schwierig. Abdruckübungen sollen die Bewegungsvorstellung und den Einsatz der Stützkraft verbessern.

- ➢ Vorspannung des Körpers und besonders der Schultermuskulatur,
- ➢ „Feststellen" der Schultergelenke bei Stützaufnahme, (kein sichtbares nachgebendes Beugen der Ellbogengelenke und Ausweichen der Schultern über die Stützstelle hinaus),
- ➢ kurzer schnellkräftiger Abdruck.

Abdruckübungen
- Stützübungen siehe Liegestütze Seite 29. (aus dem Liegestütz Anhocken bzw. Abdruck in den Hockstand; Handklatsch im Liegestütz; „Froschhüpfen", auch zwischen zwei Bänken über Medizinbälle)
- Hockwenden rechts und links über Geräte

ϴ Der Helfer steht an der Seite des rechten Stützarmes, leistet mit seiner rechten Hand mit ½ Klammergriff Zughilfe und mit der linken Hand an der Hüftseite Dreh-Schubhilfe.

Das Aufhocken am hüfthohen Sprunggerät aus einem kurzen Anlauf mit Hilfe bietet sich als Vorübung an. Dabei ist besonderer Wert auf das hohe Anheben des Gesäßes zu legen.

V Dreh-Sprunghocke links und rechts

V Dreh-Sprunghocke mit ½ Drehung, Landung im Seitverhalten zum Gerät

Dreh-Sprunghocke

Die Dreh-Sprunghocke ist die einfachste Form, um ein Gerät zu überwinden, weil die Stützphase relativ sicher und lang ist. Beherrschte Dreh-Sprunghocken sollen ein Gefühl der Sicherheit für die Stützsprünge entwickeln.

- ➢Aus einem kurzen Anlauf flacher Aufsprung des vorgespannten Körpers auf das Brett, wobei die Fußballen zuerst aufsetzen,
- ➢schnellkräftiger Absprung mit Strecken der Gelenke und Armschwung vor-hoch,
- ➢kurze 1. Flugphase, mit Stützaufnahme Beine anhocken und Rücken/Gesäß anheben,
- ➢1/4 Drehung (links) mit Verlagerung des Körpergewichtes auf den rechten Arm,
- ➢Abdruck des rechten Armes, Körperstreckung und Landung im Querverhalten rechts seitlings.

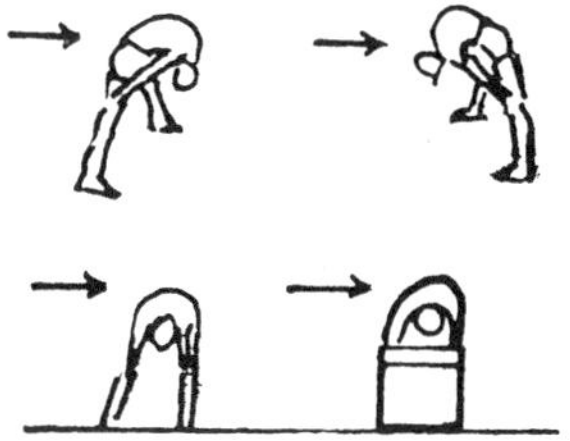

- „**Bockspringen**" als Grätsche über Partner (in leichter Schrittstellung stützen die Hände auf die Oberschenkel, Kopf zur Brust geneigt)
- **Hocke** an einer etwa schulterbreiten **Kasten- oder Bockgasse** (Medizinbälle in und Sprungseil über die Gasse legen)

- **Aus dem Stand auf einem Turnhocker** Aufsprung auf das Brett, Sprung über den Bock

V Sprung über den Bock quer und Doppelbock
V Sprung über Kasten/Pferd quergestellt
V Sprung über Kasten längs (Jungen)
V Brettabstand individuell vergrößern (ein zu geringer Abstand erschwert oft den Sprung)

Sprunggrätsche und **Sprunghocke**

Beide Stützsprünge stimmen in den wesentlichen Bewegungsmerkmalen überein. Nur in der Beintätigkeit beim Überqueren des Gerätes ergeben sich Unterschiede.

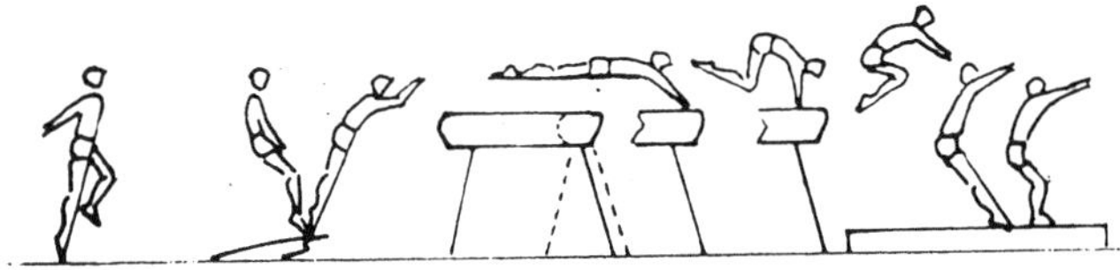

➢ Flacher, weiter Aufsprung des vorgespannten Körpers, die Fußballen setzen zuerst auf,
➢ kurzer schnellkräftiger Absprung mit Strecken der Fuß- und Kniegelenke und Armschwung,
➢ Körperstreckung mit deutlichem Anheben der Hüften,
➢ bei Stützaufnahme „Feststellen" der Schultergelenke, Beine grätschen oder hocken,
➢ kurzer schnellkräftiger Abdruck,
➢ Landung mit nachgebendem Beugen der Fuß-, Knie- und Hüftgelenke und geradem Rücken.

Sprung über das Pferd quer
Mädchen

Um in höheren Klassen ein erfolgreiches und sicheres Springen zu ermöglichen, ist es besonders wichtig, langfristig und methodisch ihr Erlernen vorzubereiten und die notwendigen Lernvoraussetzungen zu schaffen.

Lernfolge

- Absprung vom Turnhocker
- kurzer Anlauf und geringer Brettabstand
- Anlauf mit mittlerem Tempo
- zuerst Sprunggrätsche dann Sprunghocke erarbeiten

E Weichboden für die Landung
Θ Hilfe siehe Seite 54.

Sprung über Kasten oder Pferd lang
Jungen

Ein Problem der Stützsprünge über den Kasten lang ist die erste Flugphase mit dem weiten Vorfassen zum Stütz im hinteren Drittel das Gerätes.

Lernfolge

- Kasten oder Pferd quer mit größerem Brettabstand

- Doppelbock (T-gestellt) oder Bock vor Pferd gestellt

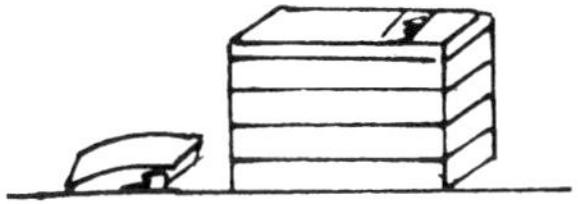

- Kasten oder Pferd lang mit Markierung der anzustrebenden Stützstelle

Grätsche über den Bock im Strom zügig hintereinander oder im Wechsel aus zwei Anlaufrichtungen

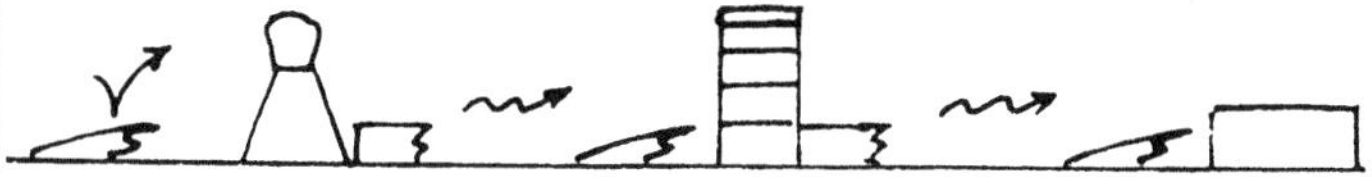

Sprünge über mehrere Geräte im Strom auf einer oder zwei Sprungbahnen nebeneinander

- Grätsche – Grätsche – Strecksprung auf eine Erhöhung
- Grätsche – Aufhocken – Niedersprung – Rolle vorwärts (Weichmatte)
- Grätsche – Hocke – Dreh-Sprunghocke (Pferd quer)

Paar- und Gruppenspringen

Bereits die vorbereitenden Übungen sind auch in dieser Art und Weise umzusetzen. Voraussetzung eines gemeinsamen und aufeinander abgestimmten (rhythmischen) Springens auf und über Geräte ist eine ausreichende Sprungsicherheit. Zwei Sprungstationen sollten in der Regel zur Verfügung stehen.

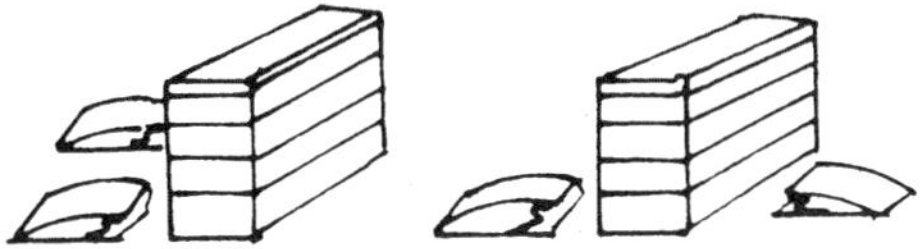

Aufhocken auf einen Kasten
Abgang Strecksprung oder Abgrätschen (Anlauf aus gleicher oder entgegengesetzter Richtung)

Dreh-Sprunghocke (siehe S. 58)

Notizen

Sprünge im Minitramp

Das Springen mit dem Minitramp ist bei den Schülern sehr beliebt. Die Federkraft des Sprungtuches ermöglicht allen Schülern Flugphasen, die sie sonst nicht erreichen. Dies wird als ein besonders schönes Erlebnis empfunden und bestimmt wesentlich die Attraktivität des Gerätes Minitramp. Gleichzeitig werden von den Schülern jedoch häufig Gefahrenmomente unterschätzt, die durch unkontrolliert ausgeführte Sprünge mit entsprechend riskanten Landungen entstehen. Die Ausführung von Sprüngen mit dem Minitramp stellt sehr hohe Anforderungen an die koordinativen Fähigkeiten. Anlauf, Einsprung in das Minitramp, Absprung, Flug und Landung müssen so miteinander kombiniert und abgestimmt werden, dass ein sicherer Sprung mit risikoarmer Landung gewährleistet wird. Dabei können bereits geringe Abweichungen (Fehler) in den Teilhandlungen zu größeren negativen Auswirkungen in der Flugphase und als Folge in der Landung führen.

Das Springen mit dem Minitramp ist schrittweise unter koordinativ erleichterten Bedingungen und unter konsequenter Führung durch den Lehrer zu erarbeiten. Er sollte die Bewegungsaufgabe konkret vorgeben und ihre Einhaltung kontrollieren. Erst bei beherrschten Strecksprüngen sind vielfältige Varianten und Wahlmöglichkeiten, auch spielerische Sprungformen nach dem Prinzip: „Vor- und Nachmachen" oder nach einer Aufgabenstellung (siehe S. 68) angebracht. Das „freie" oder oft „wilde" Springen verleitet zur Überschätzung der eigenen Fähigkeiten und sollte vermieden werden.

Sprünge im Minitramp fördern die Entwicklung der Fähigkeit zur Differenzierung räumlich-zeitlicher Bewegungsmerkmale (Richtung, Körperhaltung, Teilbewegungen im Flug), zeitlicher Bewegungsmerkmale (verzögerte Teilbewegungen) und dynamischer Bewegungsmerkmale (Höhe und Weite der Flugphase). Mit der Vermittlung von Sprüngen mit dem Minitramp sollte schon frühzeitig begonnen werden, auch aus Gründen der koordinativen Fähigkeitsentwicklung. Ein horizontal gestelltes Minitramp bietet sich zum Erfühlen der Federkraft durch ein mehrmaliges Federn (Springen) im Gerät an, das schräg gestellte Minitramp bei Sprüngen aus dem Anlauf.

Zu Beginn sollten die vorbereitenden Sprungübungen mit „Begleitung“ ausgeführt werden, indem ein oder zwei Helfer die Hände des Übenden erfassen. Weil beim Sprung mit dem Minitramp größere Sprunghöhen erreicht werden, ist die Landung von besonderer Bedeutung. Das Sichern mit einer mindestens 2 m breiten, 3 m langen und 30 cm hohen Landematte ist eine grundlegende Bedingung. In vielen Schulen werden nur ein bis zwei Minitramps zur Verfügung stehen, auch selten mehr als zwei Weichmatten, deshalb ist eine gute Unterrichtsplanung zwingend erforderlich.

Unter der Sicht, dass möglichst alle Schüler mit dem Minitramp springen, erscheint das variantenreiche uns sichere Anwenden des Strecksprunges als angemessen, einschließlich im Rahmen des Paar- und Gruppenspringens. Das Helfen beschränkt sich auf eine aktive Unterstützung in der Landephase durch Stabilisierungshilfe. Helfer stehen seitlich vom Übenden und sichern in der Landephase mit einer Hand am Rücken und mit der anderen am Bauch.

Stabilisierungshilfe
am Bauch und Rücken

Federn (Springen) im Minitramp

(Vorbereitende Übungen)

Das Erfühlen der Tuchfederung ist eine unabdingbare Voraussetzung für ein Springen im und aus dem Minitramp. Ein erster methodischer Schritt, der vor einer Fertigkeitsvermittlung erfolgen muss. Es kommt darauf an, möglichst viel Energie des Tuches für den Sprung zu nutzen. Dabei spielt die Körperspannung eine entscheidende Rolle.

Vier bis fünfmal im Tuch federn
Aus dem Stand im Tuch des horizontal gestellten Minitramps mit parallel, leicht offener Fußstellung und fast gestreckten Beinen

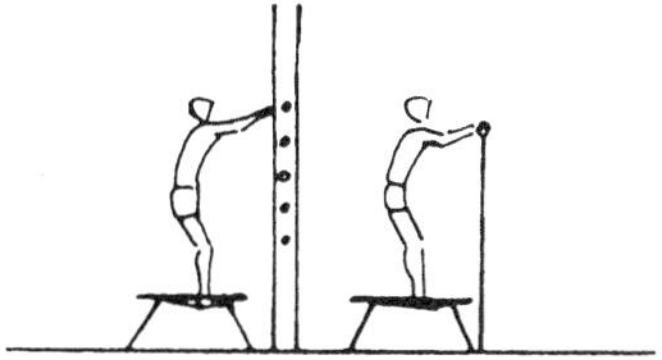

mit Griff an bzw. Stütz auf einem Gerät
Sprossenwand, Kasten, Mattenblock, Holm, Reckstange (Arme fast gestreckt und waagerecht)

mit Partnerhilfe, ein bzw. zwei Partner (Stand auf Turnhocker) erfassen zur Gleichgewichtssicherung die Hände des Übenden, auch abschließend mit Strecksprung aus dem Minitramp

Selbstständiges mehrmaliges Federn im Tuch
- Arme in Hochhalte oder im Hüftstütz oder am Körper verschränkt oder mit Armschwung
- Abfangen (Stoppen) des letzten Sprunges im Tuch durch starkes Beugen der Gelenke oder Strecksprung auf eine Weichmatte
- Springen mit enger und weiter Fußstellung, auch mit Schließen der Beine im Flug

Θ Helfer stehen seitlich vom Übenden und sichern.

Methodische Hinweise - Erleichterungen

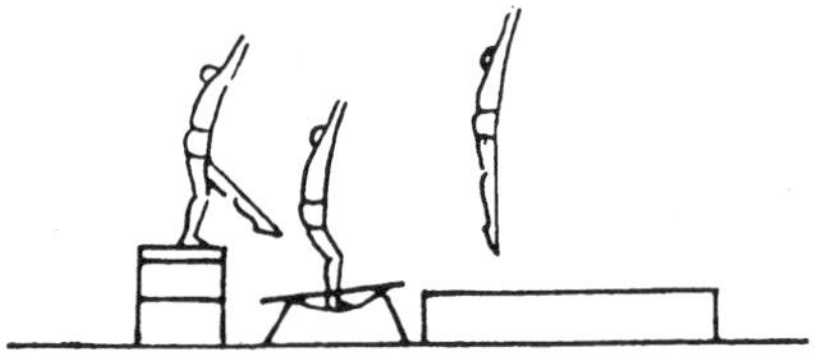

Strecksprung aus dem Einsprung von einem Kasten (ca. 30 cm höher als das Minitramp), Einsprung ein- oder beidbeinig in das Minitramp, anfangs mit Hilfe bei der Landung

- zuerst Arme während des Einsprunges in Hochhalte belassen
- dann mit Armschwung (Arme im Einsprung in Rück-Tiefhalte)

Aus dem Angehen/Anlauf auf einer Turnbank

Abstand Bank und Minitramp mindestens ca. 30 cm, um ein weites hohes Einspringen zu fördern

Aus dem Anlauf über ein Sprungbrett, ca. 50 cm vor dem Minitramp, Anlauf im mittleren Tempo

Strecksprung aus dem Anlauf

Der Strecksprung stellt die Grundlage des Springens mit dem Minitramp dar. Orientiert wird auf hohe und weniger auf weite Sprünge. Der Strecksprung aus dem Anlauf ist erst dann zu üben, wenn ausreichende Bewegungserfahrungen beim Springen im Minitramp vorhanden sind.

- ➢Anlauf mit weitem großen Schritt zum Einsprung
- ➢beidbeiniger und hoher Einsprung in die Mitte des Tuches,
- ➢"Durchtreten" und damit Vorspannen des Tuches für den Absprung,
- ➢Absprung mit Armschwung in Übereinstimmung mit der Tuchfederung,
- ➢Abflug mit gestrecktem Körper, „Bauch einziehen", Flugphase mit gespanntem „Strecken bis in die Fußspitzen", kein Hohlkreuz,
- ➢Landung mit nachgebendem Beugen der Fuß-, Knie- und Hüftgelenke auf der Weichmatte.

Strecksprung mit½ bzw. 1/1 Längsachsendrehung

Strecksprünge mit Drehungen sind besonders kompliziert, weil erhöhte Anforderungen an das Gleichgewicht und die Orientierung im Raum gestellt werden.

Springen an zwei Minitramps
Für sprungsichere Schüler kann das Springen an zwei direkt hintereinander gestellten Minitramps herausfordernd sein. Günstig ist dabei ein Einsprung von einer geringen Erhöhung in das erste Minitramp. Damit soll die Sicherheit (Präzision) des ersten Sprunges erhöht werden.

Θ Sichern durch „Begleiten" neben den Minitramps.

Strecksprungvarianten

Wird der Strecksprung mit dem Minitramp beherrscht, bieten Varianten eine interessante Bereicherung, einschließlich des Paar- und Gruppenspringens.

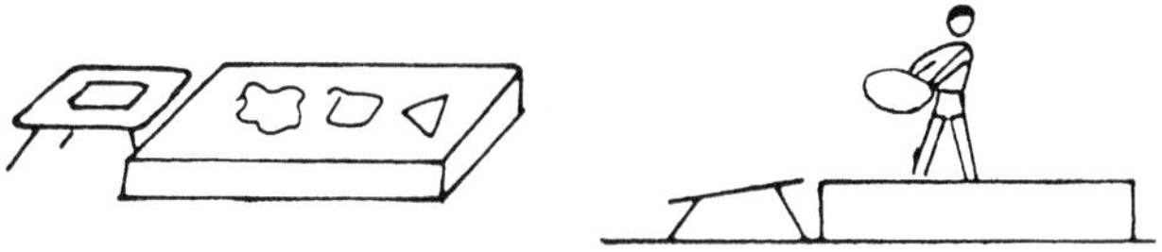

Strecksprung auf eine Erhöhung
Strecksprung in Landezonen (Zonen mit Kreide, durch Seile oder Fliesen markieren; Sprung in einen horizontal gehaltenen Reifen)

Strecksprung mit Beintätigkeit
Hock-, Grätsch-, Grätschrist-, Bücksprung (auch zeitlich verzögerte Ausführung)

Spielerische Sprungformen
nach dem Prinzip: „Vor- und Nachmachen“ bzw. Lösungen nach „Vorgaben“ selbst finden
in der Flugphase:
- Welche Beinbewegungen sind möglich?
- Wie kann die Körperhaltung verändert werden?
- Welche Armhaltung oder Armbewegungen können ausgeführt werden?
- Welche Buchstaben bzw. Tiere werden dargestellt?
- Wer kann mit dem Seil oder dem Reifen einen Durchschlag ausführen?

bei der Landung:
- Wer landet in eine vorher bestimmte Landezone?
- Wer landet im horizontal gehaltenen Reifen?

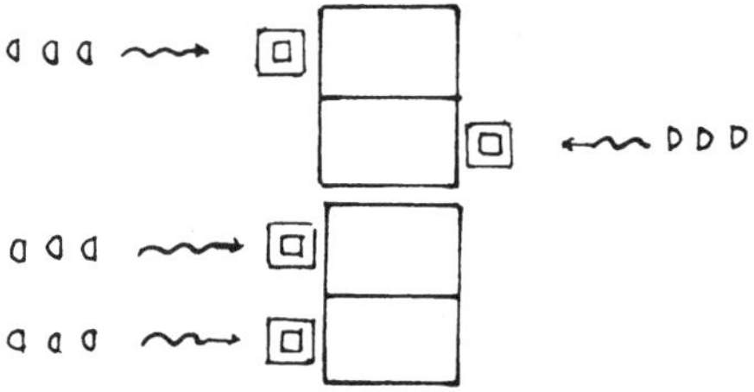

Gruppenspringen an zwei Minitramps
Stehen zwei Minitramps und die entsprechenden Matten zur Verfügung, ergeben sich weitere Möglichkeiten durch unterschiedliche Anordnungen der Minitramps und der Anlaufrichtungen.

Paar- und Gruppenspringen

Diese Form des gemeinsamen Springens kann besonders auch in höheren Klassen neu stimulieren. Der Einsatz von Musik bietet sich an.

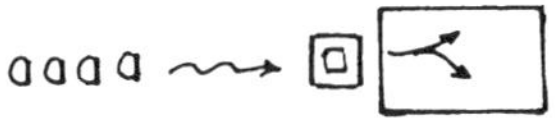

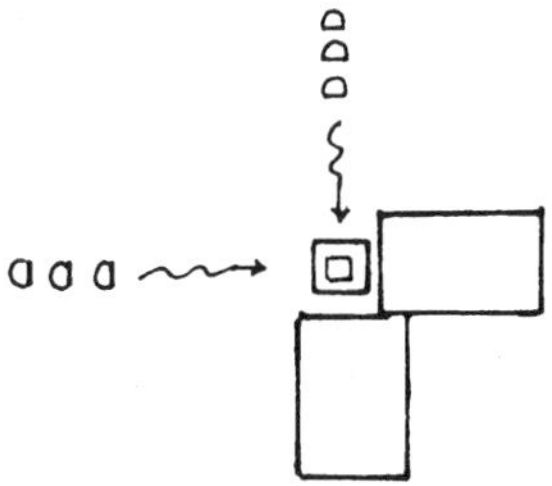

Gruppenspringen an einem Minitramp
- Durch ein Springen im Strom mit relativ zügiger Bewegungsfolge kann auch ein rhythmisches Springen erreicht werden. Im Wechsel leicht versetzte Landestellen links und rechts bieten zusätzliche Sicherheit.
- Ein wechselseitiges Springen aus zwei Anlaufrichtungen (um 90° versetzt) erhöht den Reiz. Verschiedene Sprungvarianten sind möglich (Streck-, Hock-, Grätsch-, Grätschristsprung).

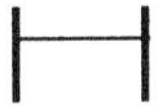

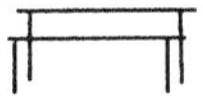

Notizen

Reck und Stufenbarren

An den Turngeräten Reck und Stufenbarren wird fast ausschließlich im Seitverhalten geturnt. Die Bewegungen an der Reckstange und am unteren Holm des Stufenbarrens sind technisch identisch und werden deshalb in der Sportkartei gemeinsam ausgewiesen. Am Reck bzw. am unteren Holm sind die Übungen (Elemente) zuerst dargestellt, danach „vergleichbare“ Anforderungen an beiden Holmen des Stufenbarrens. Erste Erfahrungen sollten die Schüler durch Gewöhnungsübungen und einfache Elemente sammeln, die verschiedene Hänge, Stütze und Sitze umfassen. Werden einfache Übungen „auf Anhieb“ umgesetzt, bieten sich mehrmalige Wiederholungen als erhöhte Anforderung an.

In den Klassen 5 und 6 besteht keine Veranlassung Inhalte und Geräte für Jungen und Mädchen zu trennen. Aufgrund der besseren Grifffestigkeit ist es günstiger, die Übungen zuerst am Reck zu turnen.

Im Schulturnen wird allgemein an einem schulter-brusthohen Gerät (Stange oder Holm) geübt. Die Höhe des Gerätes soll nicht hemmend wirken. Außerdem ist das Risiko beim Misslingen der Übungen durch den schnellen Bodenkontakt gering und der Helfer kann ohne Probleme unterstützen. Für ein intensives Üben sollten mehrere Stationen mit den Geräten Reck und Stufenbarren zur Verfügung stehen. Am Stufenbarren sind die Abstände der Holme und ihre Weite abhängig von der Körperhöhe einzustellen (Erleichterungen ergeben sich bereits durch geringere Abstände und Weiten). Die Übungen an beiden Holmen des Stufenbarrens sind durch Stütze, Sitze und Hänge gekennzeichnet, die auch einen Belastungswechsel darstellen.

Die Geräte und mögliche Niedersprungstellen sind mit Matten abzusichern. Das gegenseitige Helfen und Sichern ist besonders am Reck bzw. Stufenbarren sehr gut möglich, weil die Helfer an beiden Seiten neben den Übenden stehen können. Entsprechende Helferfertigkeiten sind im Übungsprozess kontinuierlich anzuregen, zu fordern und zu erarbeiten.

Für das erfolgreiche Ausführen der Übungen am Reck bzw. Stufenbarren, die mit der Bewältigung des Körpergewichtes, mit Drehungen um die Stange bzw. den Holm und dem Aufrechterhalten des labilen Gleichgewichtes verbunden sind, haben die Kraftvoraussetzungen und die Körperspannung besondere Bedeutung. Eine „straffe" Haltung erleichtert die Steuerung der Bewegung. Diese Wirkung ist den Schülern immer wieder bewusst zu machen. Natürlich ist mit einer guten Haltung auch das sportliche Erscheinungsbild verbunden. Ein beidseitiges Üben bietet sich bei einigen Übungen an (z. B. beim Knie-Aufschwung und bei Spreizübungen), um variabel für Übungsverbindungen zu sein und u.U. die bessere Seite einzusetzen.

Langfristiges Ziel des Turnens am Reck bzw. am Stufenbarren ist das Turnen einer möglichst individuell geprägten Übungsverbindung. Für die Jungen können Reck oder Barren und für die Mädchen Stufenbarren oder Balken Wahlgeräte bei Leistungsabnahmen sein.

Als Griffarten kommen am Reck vorrangig der Ristgriff und zum Teil der Kammgriff mit Daumenschluss (Daumen umfasst die Stange) zur Anwendung. Am Stufenbarren werden die Übungen im Stütz ebenfalls vorrangig im Rist- oder Kammgriff mit Daumenschluss geturnt. Bei Übungen im Hang oder Umschwungbewegungen ist es günstiger, wenn der Daumen an der Hand anliegt. Helfer stabilisieren den Stütz mit Klammergriff am Oberarm.

Ristgriff

Kammgriff

Zwiegriff

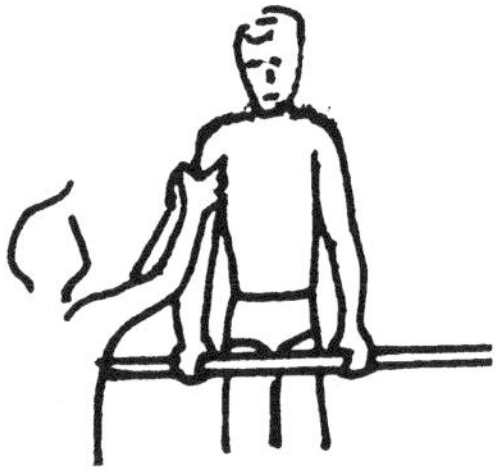
Klammergriff am Oberarm

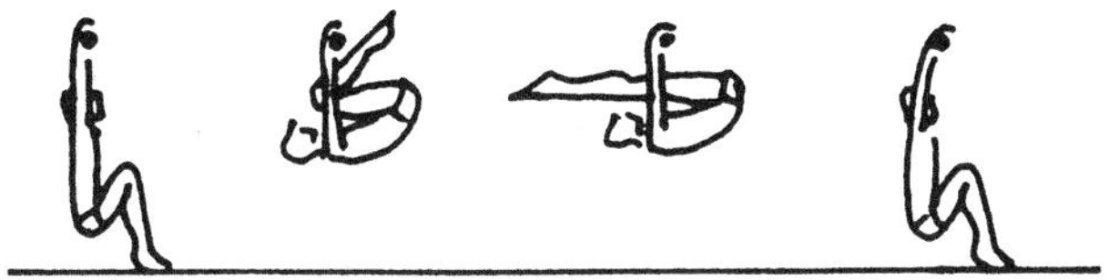

Vorhocken zum Hocksturzhang und
Durchhocken zum Kipphang
mit Halte und Rückbewegung, auch mehrmals hintereinander

- Im Hockhangstand erfassen die Hände in Schulterbreite mit Ristgriff oder Kammgriff die Stange bzw. den Holm,
- der Körper ist unter die Griffstelle zu bringen, um ein Pendeln zu vermeiden,
- Kopf leicht zur Brust, nicht in den Nacken nehmen,
- bei gestreckten Armen die gehockten und geschlossenen Beine anheben, möglichst ohne Abstoßen der Füße vom Boden.

Übungen im Hang

Übungen im Hang sind zu akzeptierende Inhalte des Schulturnens und erweitern die Bewegungsvielfalt am Reck und Stufenbarren. Besonders für stützschwächere Schüler kann dadurch der Einstieg in das Reck- und Stufenbarrenturnen durch Erfolgserlebnisse positiv beeinflusst werden.

Übungen im Hang können bereits frühzeitig in kleinen Serien oder Verbindungen ausgeführt werden. Dabei sind fließende, runde Bewegungen, mit deutlicher Körperspannung, anzustreben. Ein gleichzeitiges, auch synchrones Üben zweier Schüler bietet sich an.

Übungen im Hang an den Geräten Reck, Stufenbarren und Barren stimmen weitgehend überein. Deshalb ist es notwendig, dass diese „einfachen" Bewegungen mit ihrer Einführung sicher erlernt werden, damit sie an den anderen Geräten als bekanntes Übungsgut Anwendung finden.

Θ Helfer sichern am Handgelenk und unterstützen mit der anderen Hand das Anheben des Körpers am Rücken.

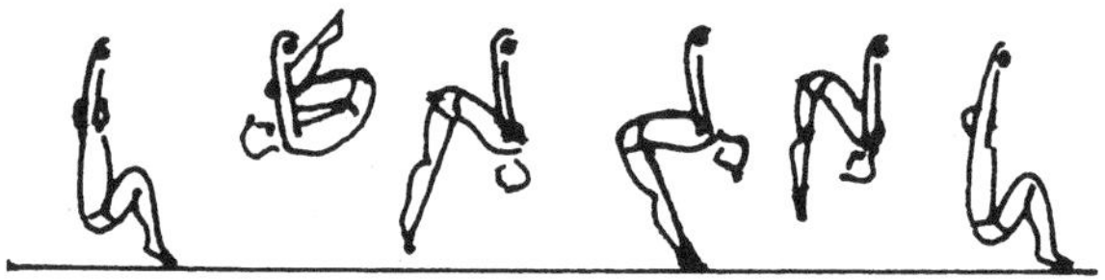

„Überdrehen“ vor- und rückwärts
Die Füße nach dem Durchhocken zum Boden senken, mit Rückbewegung (ein Überdrehen rückwärts beginnt man mit Kammgriff)

Knieliegehang mit einem gehockten Bein, strecken **zum Sturzhang,** zurück zum Knieliegehang

Knieliegehang, Grifflösen zum **freien Kniehang,** wieder zum Knieliegehang zufassen

Handstütz-Abschwingen
Die gestreckten Arme müssen im Hang auf die Matte aufsetzen, u.U. ist dazu die Mattenlage flexibel zu gestalten

Im Liegehang mehrmals vor- und zurücklaufen
Partner sichern den Kniehang durch Erfassen der Unterschenkel und unterstützen das Handstand-Abschwingen an den Hüften

Gewöhnungsübungen im Stütz

Langsame, wechselseitige Ausführung

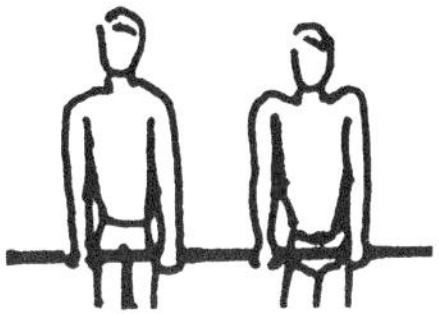

„groß und klein machen“
bzw. Schultern „wegschieben“ und „hochziehen“

Stütz- und Gewichtsverlagerung,
links und rechts, bei hohem Stütz und mit gestreckten Armen

Griffweite ändern
durch stützeln vom engen zum weiten Handabstand; dabei groß bleiben

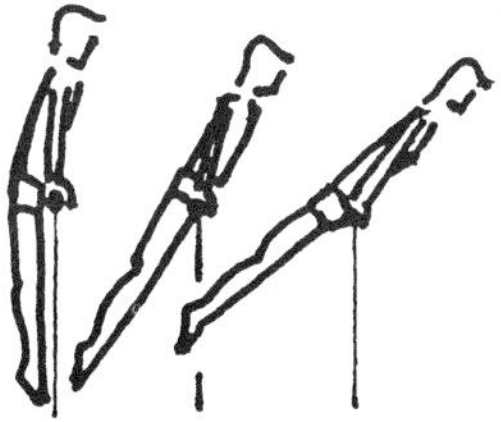

Körperverlagerung
nach vorn und hinten, bei gestreckter Körperhaltung

Sprung in den Stütz

Durch mehrmalige Wiederholungen und kleine Variationen ist der Sprung in den Stütz am brusthohen Gerät zu festigen. Einfache Formen, um den Stütz aufzulösen und wieder in den Stand zu gelangen, sind Niedersprung und Hüft-Abzug. Diese „Abgänge“ sind mit zu üben. Außerdem bieten sich Gewöhnungsübungen zur Sammlung von Körpererfahrungen und für den angestrebten hohen und sicheren Stütz an.

- Im Ristgriff die Stange/den Holm schulterbreit mit leicht gebeugten Armen erfassen,
- beidbeiniger Absprung mit deutlichem Druck der Arme zum Stütz,
- im Stütz Arme und Körper strecken, Schultern „wegschieben“, „groß machen“.

V Aus dem Anlauf mit Absprung
(auch mit gestreckten Armen)

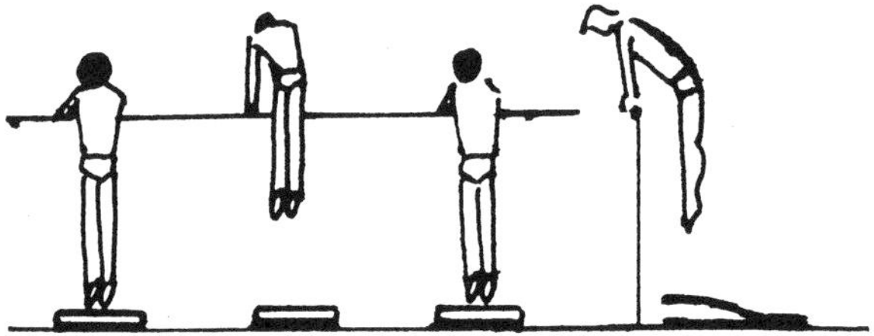

Auf- und Niedersprung in Folge (Federn) zur Festigung des Sprunges in den Stütz (u.a. vom Sprungbrett)

Niedersprung aus dem Stütz

Der Niedersprung ist als aktives Verlassen des Gerätes mit bewusster Orientierung auf Höhe oder Weite und sicheren Stand zu üben.

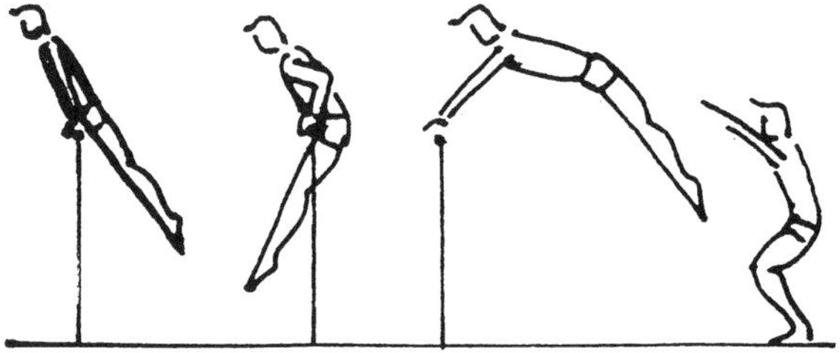

- Ausholbewegung durch leichtes Beugen der Hüfte und Arme,
- Rückschwung durch Strecken des Hüftgelenkes und Druck der Arme,
- aktiver Abdruck der Hände von der Stange,
- sichere, elastische Landung.

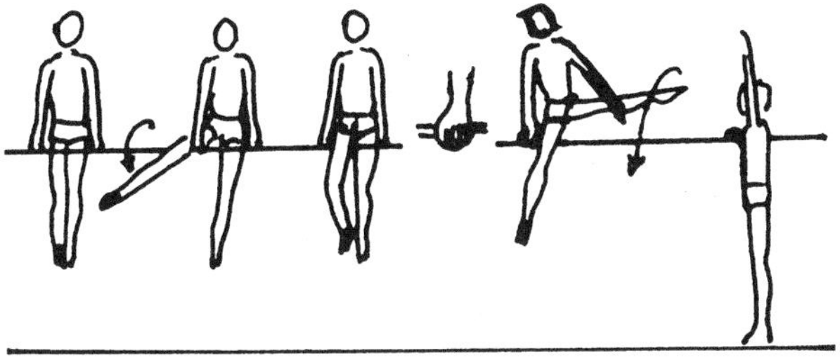

Spreizabsitzen
Überspreizen rechts und links zum Niedersprung mit ¼ Drehung

➢ Die Hand der Seite, wo das Überspreizen zuerst erfolgt (rechts), wechselt vor dem Nachspreizen in den Kammgriff, dadurch wird der Abgang über den gestreckten Stützarm erleichtert.

⊖ Der Helfer sichert zuerst am linken, dann am rechten Oberarm das Überspreizen mit Klammergriff.

V Spreizabsitzen mit ½ Drehung zum Gerät (beide Hände fassen zur Stange/Holm)

Spreizübungen

Ein hoher und sicherer Stütz und gestreckte Beine sind anzustreben, auch bei kurzzeitigem Lösen einer Stützhand. Jeder Schüler kann erfahren, mit welcher Seite das Überspreizen bzw. ob das Vor- oder Rückspreizen besser gelingt.

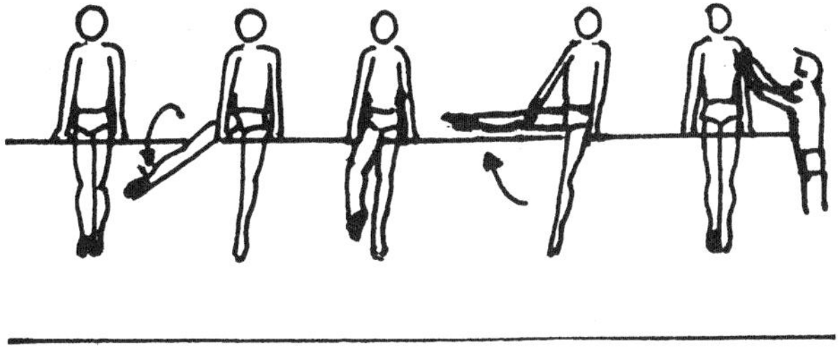

Überspreizen und Rückspreizen
ohne und mit Einspreizen des Beines zwischen den Händen; beide Seiten ausprobieren

⊖ Der Helfer sichert mit Klammergriff am Oberarm des Übenden an der Seite, wo das Überspreizen nicht erfolgt.

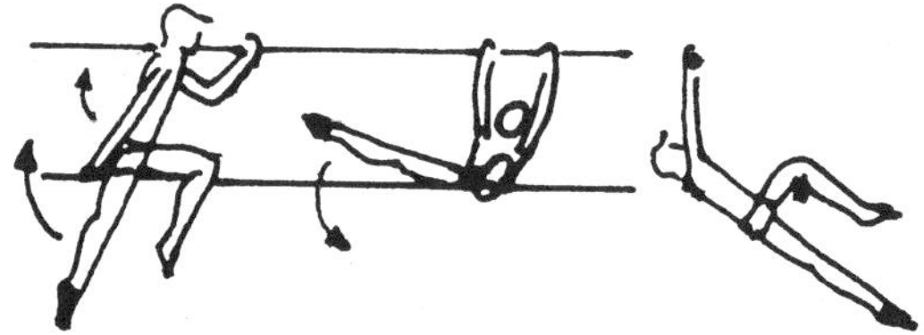

Rückspreizen des hinteren Beines aus dem Außenquersitz mit ¼ Drehung in den Knieliegehang (oder mit Aufsetzen eines Fußes oder beider Füße auf den Holm)

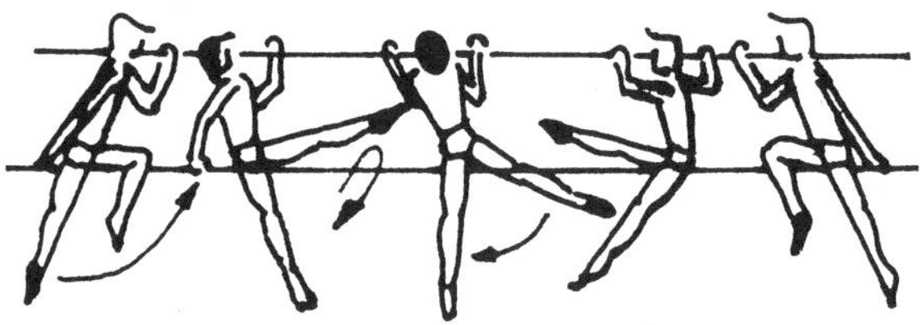

Dreh-Spreizen aus dem Außenquersitz
Speichgriff am oberen Holm, Schwingen des hinteres Beines nach vorn bei gleichzeitigem Strecken des gebeugten Beines und Neigen des Körpers zum oberen Holm, beide Hände am oberen Holm, über das gestreckte Bein drehen, während das Schwungbein durch die Holmengasse schwingt, in den Außenquersitz (oder Liegehang)

Spreizübungen am Stufenbarren

Sie sind schon kleine Verbindungen und sollten möglichst zügig geturnt werden. Mit dem Drehen des Körpers schwingt ein Bein durch die Holmengasse.

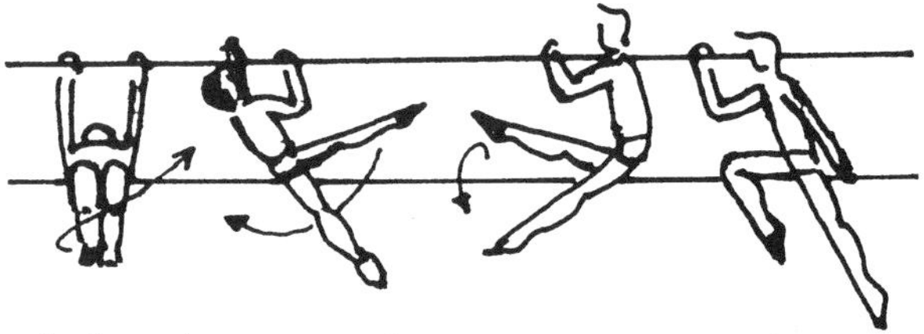

Dreh-Spreizen aus dem Liegehang in den Außenquersitz
Ein Bein schwingt gestreckt über das andere Bein – bei gleichzeitigem Beugen der Arme und Drehen des Körpers – durch die Holmengasse; in den Außenquersitz (oder Liegehang)

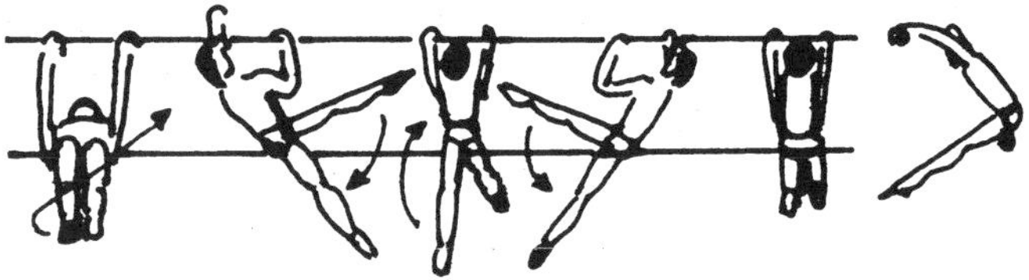

Dreh-Spreizen aus dem Liegehang in den Innenseitsitz

Hüft-Abzug vom oberen Holm am Stufenbarren

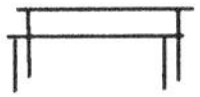

Mit Hilfe einer Erhöhung wird die Einnahme des Stützes am oberen Holm erleichtert.

ϴ Helfer sichern das Senken an den Hüften ab.

Hüft-Abzug in den Hang

V Stand auf den unteren Holm

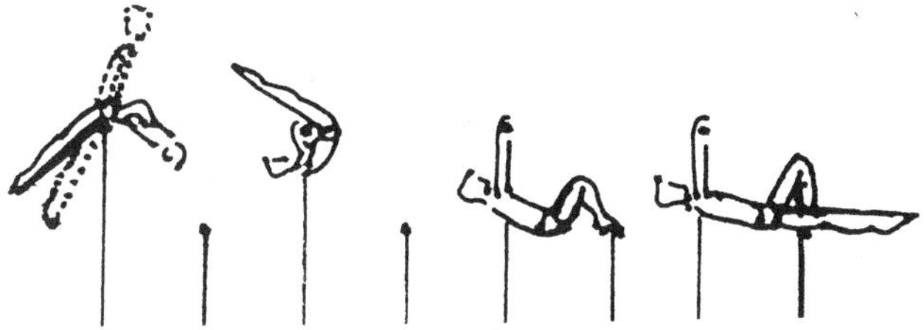

Hüft-Abzug in den Liegehang
mit Aufsetzen der Füße auf den unteren Holm und Strecken eines der Beine

Hüft-Abzug

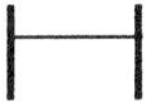

Das Senken aus dem Stütz sollte möglichst langsam ausgeführt werden. Sichtbare Zeichen einer nachgebenden Kraftarbeit sind das Senken über den Hocksturzhang und das „leise" Aufsetzen der Füße. Der Hüft-Abzug führt in der Regel in den Hockhangstand (über eine Rolle vorwärts kann der Hockstand gut aufgelöst werden) oder bei entsprechender Geräthöhe in den Winkelhangsitz.

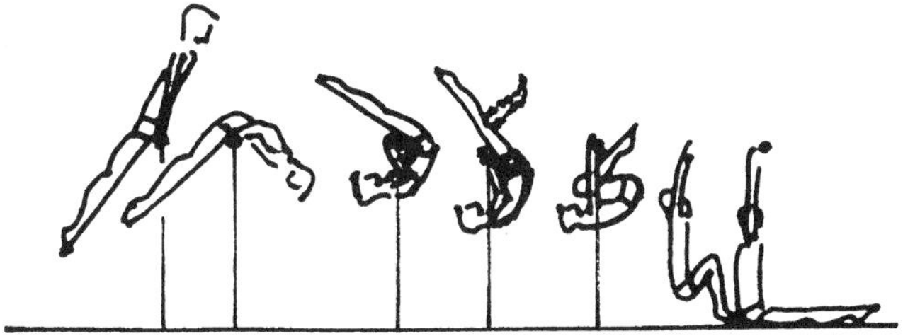

Hüft-Abzug
in den **Hockhangstand** oder **Winkelhangsitz**

ϴ Helfer stehen auf der Abzugseite und unterstützen ein langsames Senken am Rücken/Gesäß.

V Mit Partnern den Hüft-Abzug synchron turnen.
V Mit weitgehend gestreckten Beinen turnen.

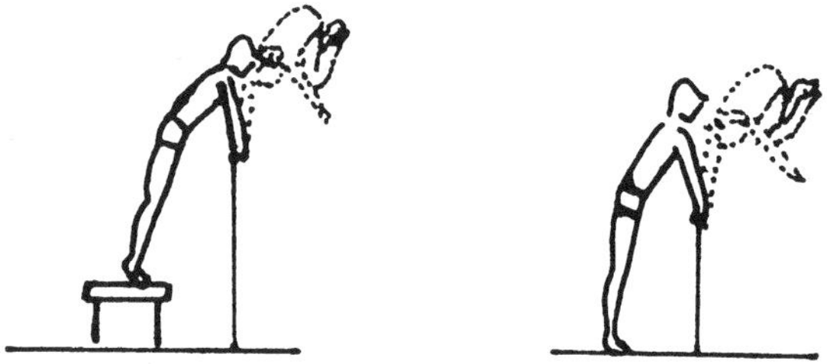

- **Dreh-Hocke aus dem beidbeinigen Absprung von einer Erhöhung** (Turnhocker) oder vom Boden bei hüfthoher Reckstange (mit Vorverlagerung der Schultern und Abdruck von der Stange).

- Die Stange kann auch abgepolstert werden, um Hemmungen zu nehmen (Isolierschlauch, Isomatte).

V Die Dreh-Hocke kann mit Ristgriff oder im Zwiegriff geturnt werden.

Dreh-Hocke - Abgang am Reck

Der Abgang über die Stange setzt voraus, dass ein Rückschwung im Stütz beherrscht wird.

➢ Schulterbreites Stützen im Zwiegriff, deutliches Schwungholen für den Rückschwung,
➢ Rückschwung mit Strecken der Arme, Hochziehen des Rückens und Anheben des Beckens bei gleichzeitigem Anhocken der Beine,
➢ Verlagerung des Körpergewichtes auf den Stützarm, um den die Drehung geturnt wird,
➢ Drehung um den gestreckten Stützarm und Landung im Querverhalten.

Θ Der Helfer steht an der Seite des Stützarmes, sichert mit einer Hand am Oberarm und kann mit der anderen Hand Drehhilfe an den Hüften geben (oberhalb der Stange)

Θ Der Helfer steht auf der Aufschwungseite an der Seite des Schwungbeines des Übenden, unterstützt mit einer Hand am Oberschenkel des Schwungbeines und mit der anderen Hand am Rücken die Aufwärtsbewegung.

V Knie-Aufschwung mit gehockten Bein **zwischen** oder **neben** den Händen
V Knie-Aufschwung mit dem gebeugten **linken** oder **rechten** Bein
V Knie-Aufschwung aus dem **Vorlaufen**

Knie-Aufschwung

in den Seitsitz mit quer gegrätschten Beinen

Aus einer Hangposition in den Stütz zu gelangen, ist über den Knie-Aufschwung relativ gut möglich. Dabei kann das gehockte Bein im Knieliegehang zwischen oder neben den Händen sein. Wichtig ist der Einsatz des gestreckten Schwungbeines.

- Mit dem zweiten Pendelschwingen im Knieliegehang deutlicher Einsatz des Schwungbeines nach hinten oben, leichtes Beugen der Arme und Zug bzw. Druck auf die Stange,
- im Stütz Arme strecken und „groß machen"; Schwungbein gestreckt, anderes Bein gebeugt lassen oder auch strecken.

Θ Helfer stehen auf der Aufschwungseite an der Seite des Schwungbeines des Übenden. Er begleitet mit einer Hand am Rücken zuerst die Ab- und dann die Aufschwungbewegung und leistet bei Bedarf mit der anderen Hand am Oberschenkel des Schwungbeines Schubhilfe.

Knie-Abschwung und Knie-Aufschwung

in Verbindung

Wird die Dynamik des Abschwunges für den Aufschwung genutzt, kann die Verbindung leichter als der Knie-Aufschwung aus dem Hang sein. Entscheidend ist eine durchgängige Körperspannung und der Schwungbeineinsatz.

- ➢Langsames Senken des gespannten Körpers zum Knie-Abschwung,
- ➢mit dem Rückschwung deutlicher Schwungbeineinsatz nach hinten oben und leichtes Beugen der Arme,
- ➢„groß machen“ im Seitsitz.

Methodische Hinweise - Erleichterungen
Schiefe Ebene und erhöhte Abdruckstellen erleichtern den Aufschwung, weil u.a. die Hüfte leichter zur Stange zu bringen ist.

Hüft-Aufschwung an einer schiefen Ebene
Abstand so wählen, dass die Arme stets gebeugt bleiben.
(zuerst oben, dann unten abstoßen)

Hüft-Aufschwung von einer Erhöhung
(Turnhocker, Kastendeckel, Sprungbrett)

V Hüft-Aufschwung mit Kammgriff.
V Hüft-Aufzug ohne Abstoß der geschlossenen Beine (für leistungsstarke Schüler).
V Steigerung durch höhere Reckstange (Kopfhöhe)

Hüft-Aufschwung

Der Hüft-Aufschwung ist ein relativ anspruchsvolles Element für den Schulsport; mit methodischen Erleichterungen aber für viele Schüler ein erlern- und erlebbarer Bewegungsablauf.

- ➢Mit gebeugten Armen die Stange schulterbreit in Ristgriff erfassen und das Standbein unter die Stange setzen (Brust nahe der Stange), Arme gebeugt halten,
- ➢deutlicher Schwungbeineinsatz bis über Stangenhöhe und Abstoßen mit dem Standbein,
- ➢Hüfte beugen und zur Stange heranziehen,
- ➢Arme strecken und in den Stütz aufrichten.

ϴ Der Helfer steht auf der Aufschwungseite neben dem Übenden und unterstützt an Hüfte und Schulter die Aufwärtsbewegung und das Heranführen der Hüfte zur Stange.

Hüft-Aufschwung am Stufenbarren zum oberen Holm
aus dem Einbeinliegehang

- Aufsetzen des Fußballens eines Beines auf den unteren Holm,
- Arme beugen, Hüfte anheben und Körper zum Schwungholen vorspannen (strecken),
- deutlicher Schwungbeineinsatz über Holmhöhe und Abstoßen des aufgesetzten Fußes.

Θ Schub-Drehhilfe am Gesäß und Schultern durch den Helfer, der in der Holmengasse steht
(die Hüften sollen an den oberen Holm herangeführt werden, dabei „so wenig wie möglich, so viel wie nötig“ helfen).

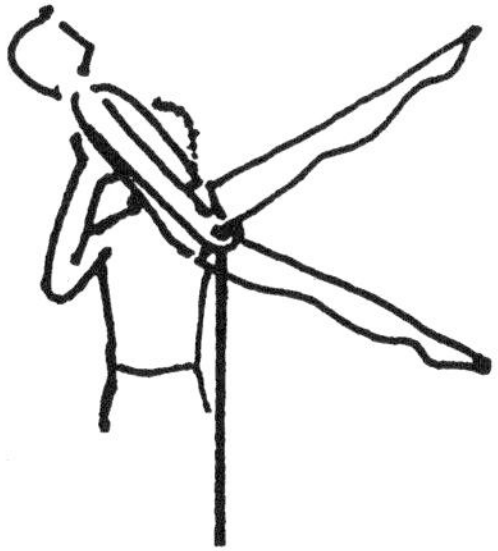

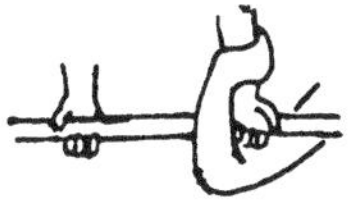

Θ Helfer stehen auf der Aufschwungseite, sichern mit einer Hand – unter der Stange durchgreifend – am Handgelenk des Übenden und unterstützen mit der anderen Hand am Rücken das „In-den-Stütz-Kommen“.

- Zur Vermittlung der Bewegungsvorstellung kann der Übende bei gestreckter und gespannter Körperhaltung durch Helfer aus und in den Stütz bewegt werden.

Spreiz-Umschwung vorwärts

(Mühlumschwung)

Der Spreiz-Umschwung kann eine reizvolle Aufgabe sein, um sich aus dem Stütz einmal um die Stange bzw. den Holm zu bewegen; sich „nur gestreckt und gespannt nach vorn fallen lassen“.

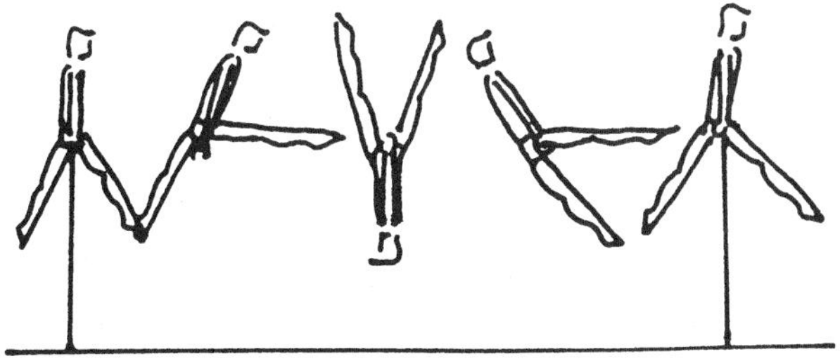

- ➢ Im Sitz mit quer gespreizten Beinen die Stange mit Kammgriff erfassen,
- ➢ Herausheben in den „freien“ Stütz – nur der hintere Oberschenkel liegt an – „groß machen“ mit deutlichem Strecken (Überstrecken) des Rückens, Oberkörpervorlage und Anheben des gestreckten vorderen Beines,
- ➢ aktiver Abschwung und Aufschwung des gestreckten und gespannten Körpers (kein Beugen der Hüften).

Θ Der oder die Helfer stehen auf der Aufschwungseite. Sie sichern mit einer Hand – unter der Stange durchgreifend – am Handgelenk des Übenden und unterstützen möglichst frühzeitig an der Rückseite der Oberschenkel bzw. am Gesäß den Umschwung.

- **Schwungholen mit Rückbewegung im Stütz** mit Partnerhilfe als eine wichtige Vorübung

Eine Hand unter dem Brustkorb, die andere unter den Oberschenkeln, um die Schwunghöhe zu unterstützen und die Bewegung gegen die Stange bzw. Holm abzubremsen.

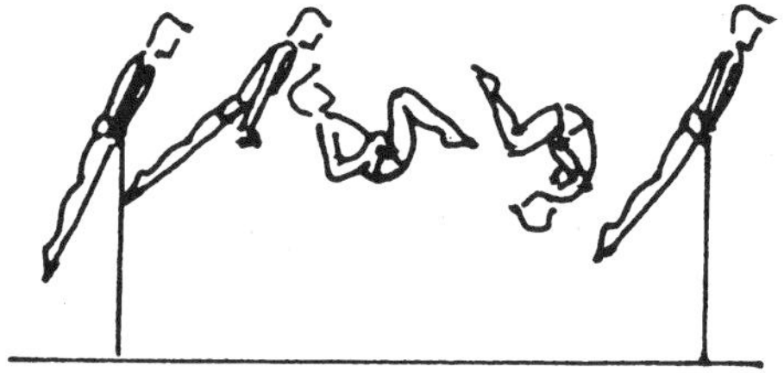

E **Hüft-Umschwung mit gehockten Beinen**
Kleine Ausholbewegung, deutlich gebeugte Hüften und Beine bei der Rotation (Bauchwelle)

Θ Griff an Hüfte und Oberschenkel.

Hüft-Umschwung

Der Hüft-Umschwung als Rotation um die Stange bzw. den Holm ist eine schwierige und interessante Bewegungsaufgabe. Der Hüft-Aufschwung und ein deutliches Abschwingen der Hüfte von der Stange beim Rückschwung im Stütz werden vorausgesetzt.

- ➢Rückschwung mit gestrecktem Körper, Schultern bleiben vorn,
- ➢den gestreckten Körper – bei Rückverlagerung der Schultern – zur Stange bringen (kein Beinvorschwung bzw. Hüftbeugen),
- ➢Umschwung mit möglichst gestrecktem Körper bzw. nur mit leichtem Hüftbeugen ausführen, Körperspannung beibehalten,
- ➢im Stütz den Körper strecken, „groß machen".

Θ Der bzw. die Helfer stehen auf der Landeseite, erfassen mit der recknahen Hand – unter der Stange durchgreifend – das Handgelenk des Übenden; mit der anderen Hand wird so früh wie möglich am Rücken/Gesäß das Heranführen der Hüfte zur Stange und die „Flugphase“ unterstützt. Die Helfer begleiten den Unterschwung bis zum Stand (gehen mit). Der Handgelenksgriff soll u.a. ein Überdrehen beim Stand verhindern.

Θ Im Lernverlauf: Eine Hand bringt die Schultern nach vorn, die andere unterstützt die Aufwärtsbewegung am Rücken.

• Orientierungspunkte für die Beinbewegung geben

E Unterschwung mit einer Scherbewegung der Beine (wie Laufkehre am Stützbarren)

V Unterschwung aus dem Stand mit geschlossenen Beinen bzw. aus dem Stütz für leistungsstarke Schüler.

Felgunterschwung

aus der Schrittstellung

Erst durch eine kleine „Flugphase/Flugkurve“ gewinnt der Unterschwung seinen Reiz, wird er ein schauwirksames Turnelement. Probleme bereiten besonders das Heranführen der Hüfte an die Stange in der Aufwärtsbewegung und die anschließende Hüftstreckung bei gestreckten Armen.

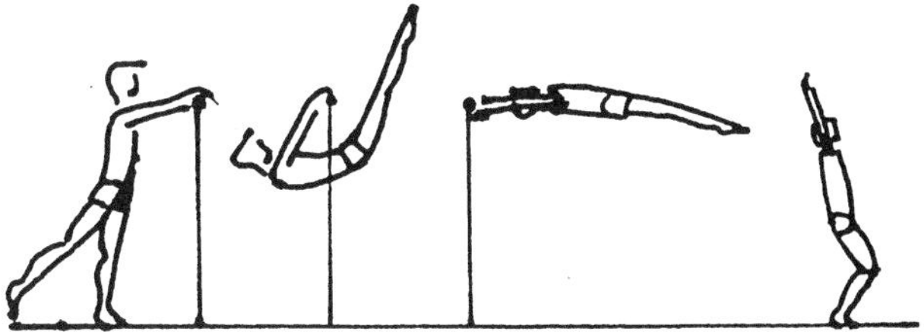

➢ Mit gestreckten Armen die Stange schulterbreit mit Ristgriff erfassen,
➢ mit kräftigem Schwung- und Standbeineinsatz ist die Hüfte möglichst nah zur Stange zu bringen, die Armen bleiben dabei gestreckt,
➢ normale Kopfhaltung, Blick zu den Füßen,
➢ Strecken des Körpers und „Wegschieben“ der Stange nach hinten, Körperspannung halten und Landung mit nachgebendem Beugen der Gelenke.

Unterschwung aus dem Innenseitsitz
am Stufenbarren

Um mehr als nur ein Abschwingen zu erreichen, ist für das Schwungholen ein flüchtiges Anristen der Beine zum oberen Holm bei gestreckten Armen notwendig. Mit dem Vorpendeln erfolgt das Strecken der Hüfte.

⊖ Helfer stehen in der Holmengasse und unterstützen am Gesäß/Rücken das Anristen, gehen mit der Bewegung mit und sichern den Stand (kein Überdrehen).

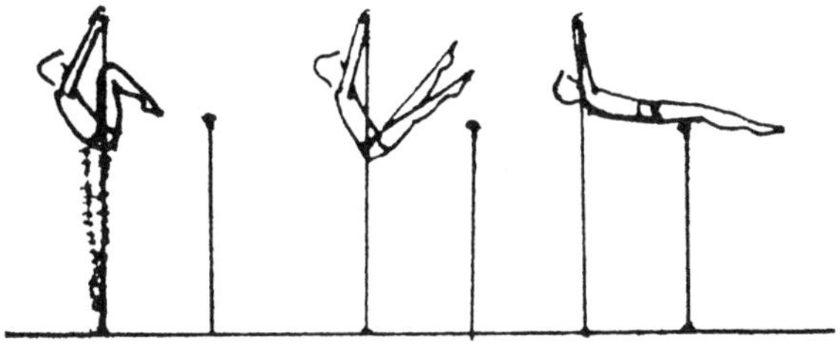

Vorhocken oder Vorgrätschen zum Liegehang in Verbindung mit **Kontern oder Pendeln** im Hang

ϴ Helfer unterstützen durch Anheben der Hüfte.

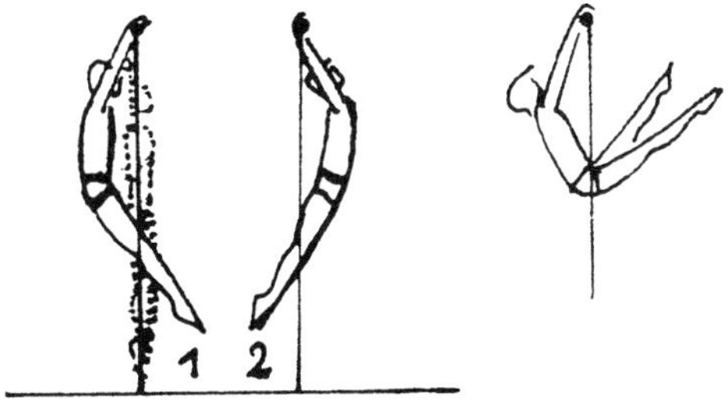

Kontern (aus der Fußposition beginnen)
Die Fußspitzen des gestreckten und gespannten Körpers befinden sich ca. 20 cm vor der Senkrechten; nach zwei, drei Konterbewegungen zügiges Vorhocken oder Vorgrätschen der Beine.

Aufgänge am Stufenbarren

mit Griff am oberen Holm

Aus dem Stand mit Ristgriff am oberen Holm (u.U. von einer Erhöhung). Zwei Schülerinnen üben gleichzeitig.

Sprung zum **Hockhangstand**
und Strecken der Beine zum **Liegehang**

- ➢kräftiger Absprung mit gleichzeitigem Beugen der Arme und Anhocken der Beine zum Aufsetzen der Füße auf den unteren Holm,
- ➢Arme strecken,
- ➢Strecken der Beine zum Liegehang.

ϴ Helfer unterstützen (entlasten) am Rücken.

V Aus dem Hang Anhocken der Beine und Aufsetzen der Füße zum Hockhangstand, dann Beine strecken zum Liegehang.

- Der Bewegungsrhythmus sollte akustisch unterstützt werden.

Griffwechsel zum unteren Holm beim Knie-Abschwung aus dem Knieliegehang mit Griff am oberen Holm

- ➢Auftaktbewegung durch leichtes Beugen der Arme und Anheben des Beckens,
- ➢mit dem Abschwingen fassen die Hände zum unteren Holm,
- ➢Knie-Aufschwung am unteren Holm.

V Mit dem Knie-Aufschwung am unteren Holm wieder Griffwechsel zum oberen Holm.

Knie-Abschwung bzw. Knie-Aufschwung mit Griffwechsel

Wird die Verbindung von Knie-Abschwung und Knie-Aufschwung beherrscht, ist die Übung mit Griffwechsel eine schülergerechte Herausforderung, auch für die Jungen.

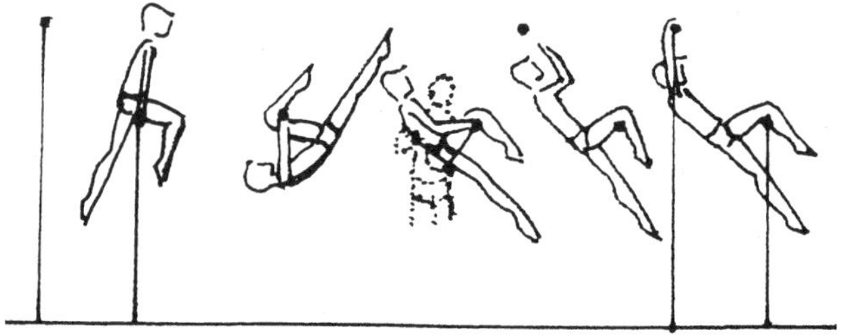

Griffwechsel zum oberen Holm aus dem Knie-Abschwung und Knie-Aufschwung am unteren Holm

- ➢in der Aufwärtsbewegung wird die Streckung des Oberkörpers durch den Druck der Hände vom unteren Holm unterstützt,
- ➢spätes schnelles Erfassen des oberen Holmes.

Θ Der oder die Helfer stehen in der Holmengasse neben den Übenden und sichern am Rücken die Ab- und Aufwärtsbewegung und den Griffwechsel.

- bei gleichzeitigem Strecken und Abdrücken des aufgehockten Beines und Druck der gestreckten Arme auf den Holm (Stemmen),
- Oberkörper nach vorn bringen und die Hüften strecken zur Stützposition.

Θ Der Helfer leistet Schub-Drehhilfe am Becken und Rückseite des Oberschenkels.

• Ein mehrmaliges Hochschieben des vorgespreizten Beines mit Partnerhilfe kann die Bewegungsvorstellung unterstützen (Strumpf anziehen)

E Den Kippaufschwung bei geringem Holmabstand und geringen Unterschieden in der Höhe ausführen (auch als Vorübung am unteren Holm vom Turnhocker)

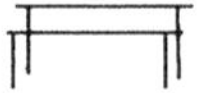

Kippaufschwung mit Abdruck eines Beines zum Stütz am oberen Holm

Diese Übung und das nachfolgende Aufstemmen sind weitere Möglichkeiten, um aus dem Hockhangstand in den Stütz am oberen Holm zu gelangen. Es sind zugleich aber auch relativ schwierige Anforderungen (für leistungsstärkere Schülerinnen höherer Altersklassen gedacht).

- Im Liegehang den oberen Holm weit umfassen (erleichtert das Aufschwingen und den Stütz),
- das gestreckte Bein an den oberen Holm führen, mit dem Fußrist berühren,
- unter Beibehaltung der gestreckten Arme, Rückpendeln des Körpers und das gestreckte Bein in Richtung Decke vor-hoch am Holm entlang führen „Strumpf anziehen“, nicht Herunterschlagen,

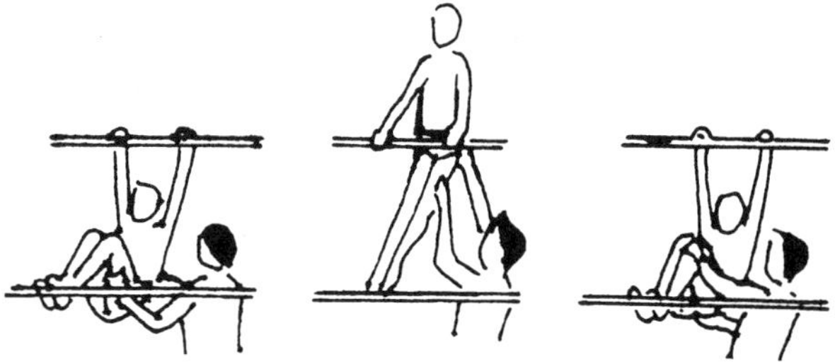

ⴱ Helfer unterstützen die Aufwärtsbewegung am Becken und an der Rückseite der Oberschenkel; Druck gegen die Knie ist auch möglich.

- **Aufstemmen an der Sprossenwand** bietet sich als Vorübung an

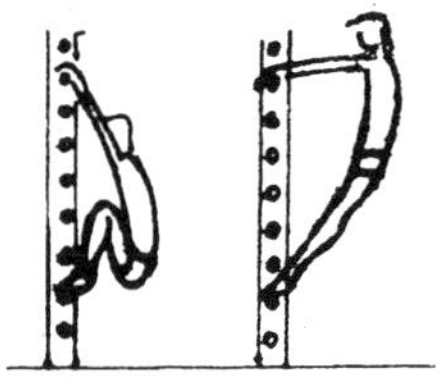

Aufstemmen mit beiden Füßen

zum Stütz am oberen Holm

- ➢Im Hockhangstand greifen die Hände bewusst so weit wie möglich um den Holm (das Übergreifen erleichtert das Aufstemmen),
- ➢Schwungholen durch Vorpendeln, Arme stets gestreckt, Hüften bleiben tief,
- ➢Zurückpendeln mit Strecken der Beine, Abdruck vom Holm und Druck der gestreckten Arme auf den Holm (Stemmen),
- ➢Oberkörper nach vorn bringen und Hüften strecken zur Stützposition.

mit Aufsetzen der Füße auf den unteren Holm
und - Strecken der Beine **zum Liegehang**
- Strecken eines Beines zum **Einbeinliegehang**
- Über- und Unterspreizen **zum Knieliegehang**

Abgänge vom oberen Holm

Senken aus dem Stütz am oberen Holm zum unteren Holm möglichst als geführte, kraftvolle Ausführung.

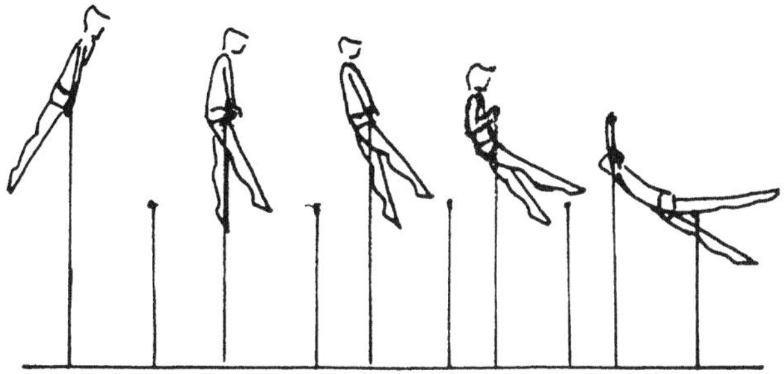

in den Knieliegehang

⊖ Helfer unterstützen an der Rückseite der Oberschenkel und am Becken die Abwärts-Vorwärtsbewegung.

Dreh-Sprunghocke

Ein sicherer Stütz und etwas Risikobereitschaft sind notwendig, um diesen Abgang über den oberen Holm auszuführen. An Vorerfahrungen an der Turnbank, am Parallelbarren und beim Sprung anknüpfen.

- ➢Zwiegriff am oberen Holm (Dreharm links im Kammgriff),
- ➢Absprung mit beiden Beinen, Gesäß hochziehen, Lösen der sprungnahen (rechten) Hand,
- ➢Landung im Außenquerstand.

- Beginn mit möglichst geringer Höhe und Weite der Holme und mit einer Weichmatte für die Landung.

Θ Der Helfer steht auf der Aufsprungseite auf einer Erhöhung, erfasst den Oberarm des Dreharmes mit Klammergriff. Ein zweiter Helfer kann in der Holmengasse stehend Schubhilfe (Oberkörper) und Drehhilfe (Oberschenkel) geben.

- Anfangs mit geringer Höhe und Weite der Holme und mit einer Weichmatte für die Landung üben.

Θ Der Helfer steht zwischen den Holmen an der Seite der oberen Hand (evtl. erhöht), erfasst mit einer Hand den stützenden Oberarm und mit der anderen Hand schiebt er den Übenden am Bauch/Brust über den unteren Holm hinweg (Nach der Handstandphase wird der Griff gelöst).

L **Wende am unteren Holm** mit Stütz auf einem Turnhocker vor den unteren Holm (der obere Holm darf nicht behindern)

Θ Der Helfer steht an der Seite der oberen Hand und unterstützt begleitend links und rechts am Becken mit Klammergriff die Bewegung.

Wende

Der Handstand am Boden, ausreichende Stützkraft und eine gute Körperspannung werden vorausgesetzt, um diesen anspruchsvollen Abgang vom oberen Holm anzubieten. Heranführende Übungen können dabei sehr hilfreich sein.

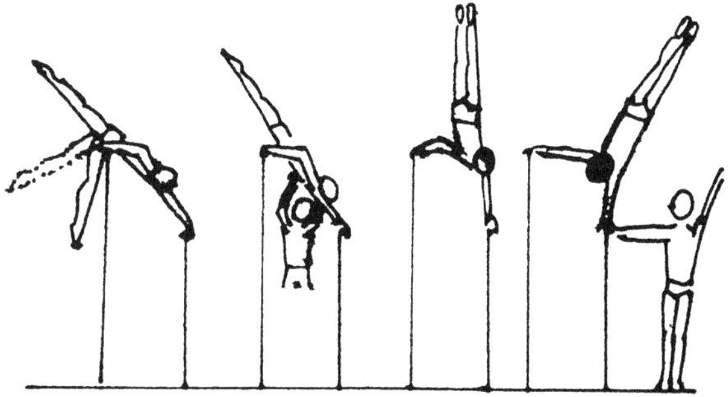

- ➢ Aus dem Seitstütz senken und Griff mit einer Hand am unteren Holm, Körper „strecken“,
- ➢ Schwungholen mit geschlossenen Beinen,
- ➢ zügiger Beinrückschwung mit Abdruck vom Holm mit ¼ Drehung über den flüchtigen Handstand schwingen, Stützarm gestreckt lassen,
- ➢ Wende in den Außenquerstand mit Lösen der Stützhand (ein Griffwechsel der Hand vom oberen zum unteren Holm kann erfolgen).

Standwaage
auf dem unteren Holm

Die Standwaage stellt besondere Anforderungen an die Körperspannung und ist in einer sauberen Ausführung ein sehr wirkungsvolles Elemente.

Standwaage im Querverhalten
aus dem Außenquersitz

- Aufsetzen eines Fußes auf den unteren Holm,
- Aufrichten durch Zug und Druck der Arme und Schwingen des gestreckte Beines nach hinten.

Standwaage im Seitverhalten
mit Stand auf dem unteren Holm

Übungsverbindungen am Reck bzw. am unteren Holm

Ein Turnen für „alle“ orientiert nicht auf die traditionelle Übungsverbindung „Aufschwung-Umschwung-Unterschwung“, sondern auf eine dem Leistungsvermögen des Einzelnen ausgerichtete Übung. Dies sollte für den Schüler möglichst wichtig sein, denn was wichtig ist, stimuliert zum Üben und macht auch Spaß. Eine Übungsverbindung kann nur dann sicher und flüssig geturnt werden, wenn Sicherheit in den Elementen erreicht ist. Auch beim Reck- und Stufenbarrenturnen sind Übungen mit fünf und mehr Elementen anzustreben. Wie beim Barrenturnen, sind auch Bodenkontakte im Übungsverlauf möglich. Die Schüler sollten sich gegenseitig beraten und helfen. Auch ein gemeinsames und synchrones Turnen ist möglich und sollte angeregt werden. Dabei kann gleich oder gegengleich an einer Stange, am Holm sogar bis zu viert, oder an mehreren Geräten geturnt werden.

Die nachfolgenden Beispiele sind als Anregung zu verstehen, basierend auf den Inhalten ab Seite 69. Sie sind auch für ein synchrones Turnen zu nutzen (bei Spreizübungen auf ausreichenden Platz achten).

Hockhang-stand – Kipp-hang – Knie-hang – Lösen zum freien Kniehang, wieder zufassen oder vorhocken und senken zum Hockstand – Senken zum Hockstand, Sprung in den Stütz – Hüft-Abzug – Aufrichten zum Stand oder Rolle vorwärts

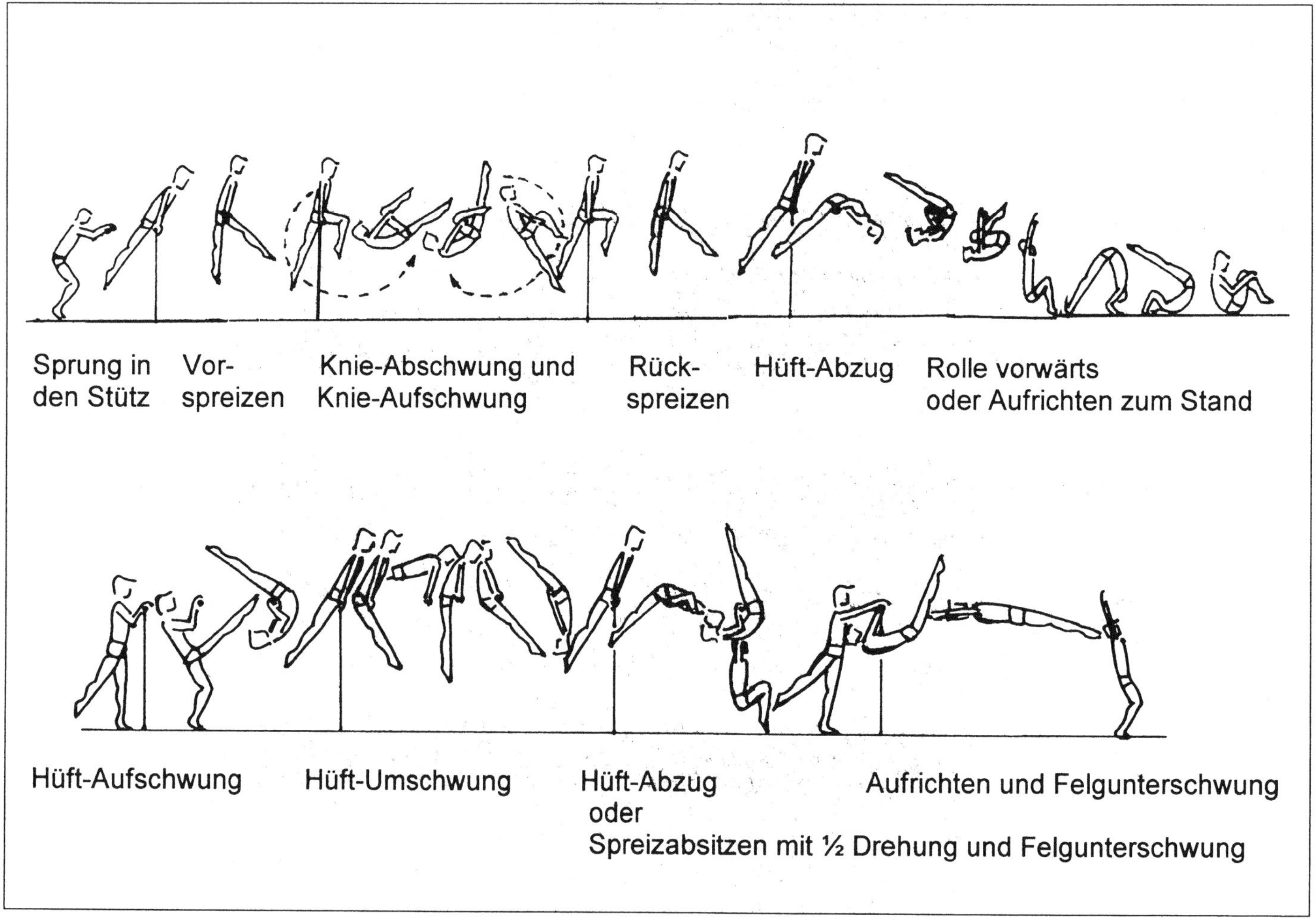
Sprung in den Stütz
Vorspreizen
Knie-Abschwung und Knie-Aufschwung
Rückspreizen
Hüft-Abzug
Rolle vorwärts oder Aufrichten zum Stand
Hüft-Aufschwung
Hüft-Umschwung
Hüft-Abzug oder Spreizabsitzen mit ½ Drehung und Felgunterschwung
Aufrichten und Felgunterschwung

Übungsverbindungen an beiden Holmen des Stufenbarrens

Durch den zweiten Holm ergeben sich für die Mädchen – zusätzlich zu den bereits ausgewiesenen Möglichkeiten am unteren Holm – weitere Gestaltungsformen. Auch ein Paar- und Synchronturnen bietet sich an, weil der Platz zum Nebeneinanderturnen gegeben und außerdem ein Aufeinander-zu-Turnen (jeweils an den Holmenden beginnend) möglich ist. Die nachfolgenden grundlegenden Bewegungsaufgaben sind als Anregungen zu verstehen und ermöglichen individuelle Lösungen, d.h. die Elemente sind wähl- und austauschbar.

Aufgabe: Aus dem Innenseitstand am unteren Holm zum Stand auf dem unteren Holm

Hüft-Aufschwung oder Sprung in den Stütz oder Knie-Aufschwung

Vorspreizen

Knie-Abschwung und Knie-Aufschwung mit Griffwechsel zum oberen Holm

Liegehang mit aufgesetztem Fuß

Drehspreizen zum Seitstand auf dem unteren Holm, Innenseitsitz

oder Standwaage

Stütz Hüft-Abzug

Unterschwung

Aufgabe: Aus dem Hang am oberen Holm in den Stütz am oberen Holm

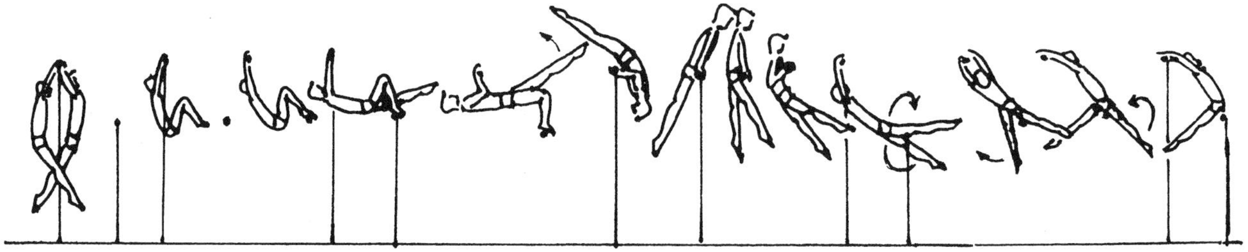

Kontern oder Pendeln – Vorhocken – Liegehang mit aufgesetztem Fuß – Hüft-Aufschwung oder Kippaufschwung – Senken mit Überspreizen eines Beines – Drehspreizen – Felgunterschwung

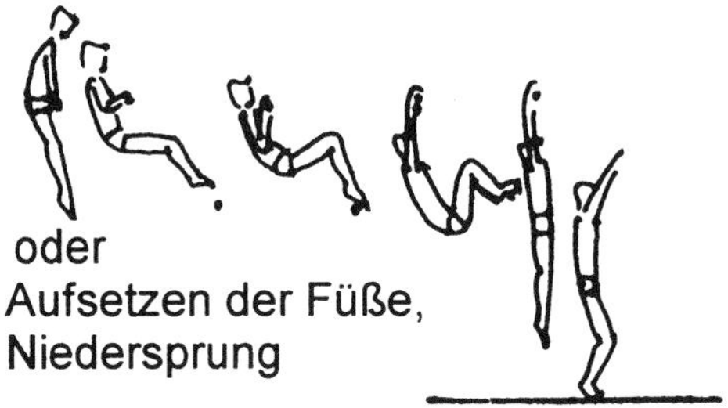

oder
Aufsetzen der Füße, Niedersprung

oder Hüft-Abzug in den Hang, Niedersprung

Notizen

Barren

Das Turnen am Parallelbarren stellt besondere Anforderungen an die Arm-, Schulter und Rumpfmuskulatur und ist besonders geeignet, um die Stützkraft zu entwickeln. In der 5. Klasse kann man am Turngerät Barren nur unzureichend auf Bekanntem aufbauen (u.U. in Ansätzen auf das Hindernisturnen). Deshalb erhalten Vorübungen zur Sammlung von Bewegungserfahrungen und zur Stärkung der Bewegungssicherheit eine besondere Bedeutung.

Auch wenn der Parallelbarren ein typisches Turngerät für die Jungen ist und in höheren Klassen an diesem Gerät fast ausschließlich die Jungen turnen, ergeben sich auch für die Mädchen Bewegungserfahrungen in Vorbereitung auf ein späteres Turnen am Stufenbarren (besonders durch die Übungen im Hang). Grundvoraussetzung für Stützelemente ist das Haltenkönnen des eigenen Körpergewichtes mit gestreckten Armen, ohne dass der Schüler im Schulterbereich durchhängt. Die ersten Anforderungen, die am Parallelbarren gestellt werden, sollten Übungen im Hang sein. Durch diese Bewegungsformen können für alle Erfolgserlebnisse und positive Erfahrungen vermittelt werden. Stützeln und Stützwandern in der Barrengasse eignen sich nicht zur Einführung in das Barrenturnen.

Übungen im Hang und im Sitz ermöglichen einen Wechsel der Bewegungs- und Belastungsanforderungen mit den Übungen im Stütz. Damit kann auch die reine Stützzeit gering gehalten werden. Ebenso wie beim Bodenturnen dient eine „straffe" Haltung in erster Linie der Übungserleichterung und dem Vermeiden des Anstoßens an den Holmen, aber auch der Ästhetik der Bewegung. Ein beidseitiges bzw. gegengleiches Üben vieler einfacher Bewegungen bietet sich am Barren an. Damit sind vielfältige Körper- und Bewegungserfahrungen verbunden. Langfristiges Ziel des Turnens am Barren sollte die Gestaltung von Übungsverbindungen sein, erlernte Elemente sind dafür eine Voraussetzung. Bei Leistungsabnahmen könnte zwischen den Geräten Barren und Reck gewählt werden.

Um ein intensives Üben mit viel aktiver Übungszeit abzusichern, sollten möglichst zwei Barren mit unterschiedlich breiter Holmengasse zur Verfügung stehen. Als Orientierung, um den Stütz zu erleichtern, ist die Breite der Holmengasse so zu wählen, dass der Unterarm mit gestreckter Hand gerade noch zwischen die Holme passt. Die Höhe der Holme sollte besonders beim Schwingen im Stütz bei Anfängern unter Schulterhöhe sein, um beim möglichen „Einbrechen“ (meist nach vorn) sich mit den Füßen abfangen zu können und nicht mit den Armen. Die Barren sind so anzuordnen, dass ungehindert an jedem Gerät geturnt werden kann und wartende Schüler zügig zum Einsatz kommen. Barreninnenseite und Niedersprungstellen sind mit geeigneten Matten auszulegen. Werden zwei Barren nebeneinander gestellt, so ergibt sich eine dritte Holmengasse (Dreifachbarren). Damit sind für das Paar- und Gruppenturnen interessante Gestaltungsmöglichkeiten gegeben.

Der Stütz an beiden Holmen erfolgt mit Speichgriff, der Stütz an einem Holm vorrangig im Ristgriff. Helfer unterstützen bei Übungen im Stütz mit Klammergriff am Oberarm in Schulternähe. Die Stellung des Übenden zum Gerät wird gekennzeichnet durch: „Außen“ oder „innen“ als die Position des Übenden zur Holmengasse, „seit“, „quer“ oder „schräg“ als die Position der Schulterachse zu den Holmen, „vorlings“, „rücklings“ oder „seitlings“ als die Position des Übenden zum Barren.

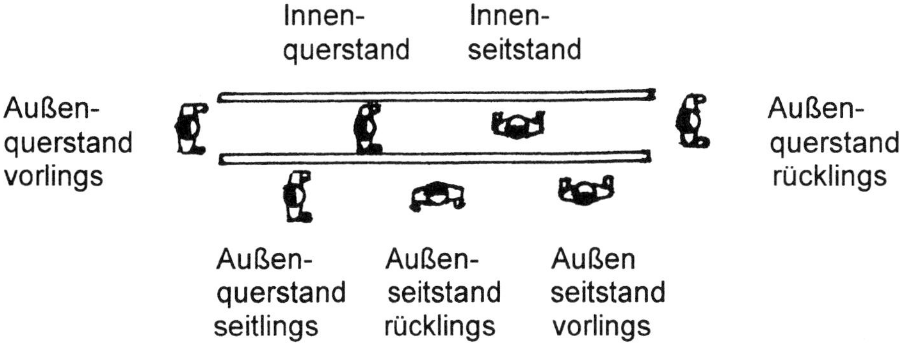

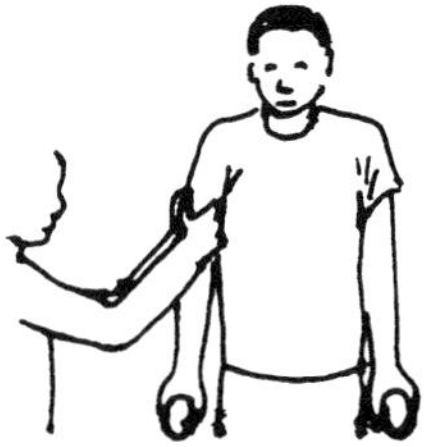

Stütz im Speichgriff
Hilfe mit Klammergriff

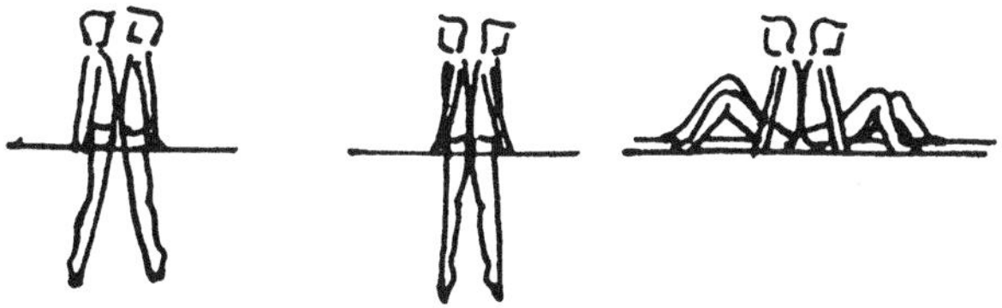

Schiebewettbewerbe (einführend den gegenseitigen Druck erspüren und lange halten)

Krebsgang mit gestreckten Armen und deutlich angehobenen Hüften, auch Liegestützbeugen

Im Sohlenhang oder Knieliegehang seitwärts hangeln, auch im „Gegenverkehr“, auch mit Wechsel der Holme

Übungen zur Gewöhnung und zur Kräftigung

Eingebettet in spielerische Übungsformen und kleine Wettbewerbe soll besonders das Verhalten im Stütz geschult werden. Übungen am Parallelbarren sind gut geeignet, um besonders die Stütz- und Rumpfkraft anzusprechen. Ziel ist die Verlängerung der Stützzeit.

Im Liegehang an einem oder beiden Holmen **hangeln**

Im Liegestütz an einem oder beiden Holmen **stützeln,** auch Liegestützbeugen

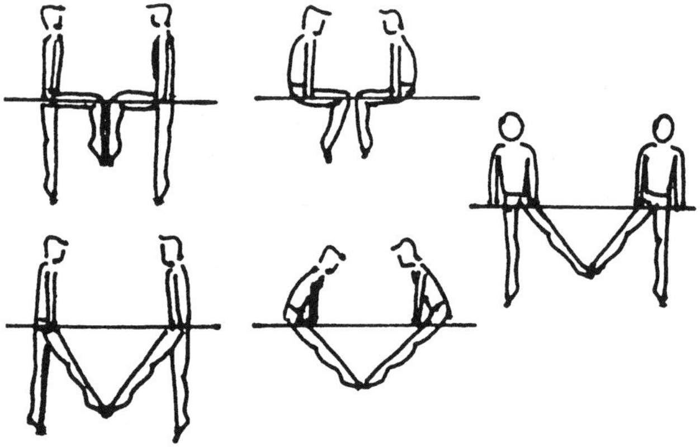

„Berührungsspiele“ im Stütz
Es ist immer wieder auf einen hohen Stütz zu achten „groß machen“, „Schultern wegschieben“

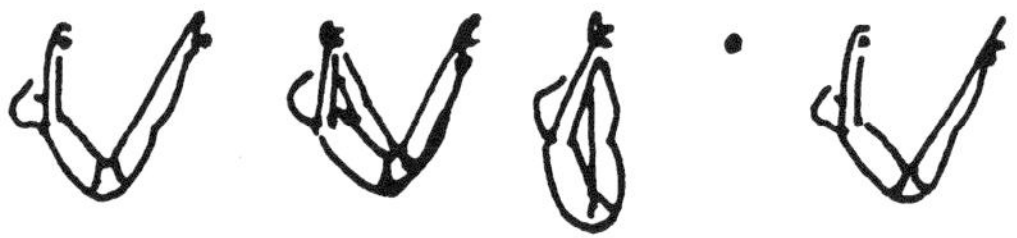

Im Sohlenhang wechseln die Füße die Holme

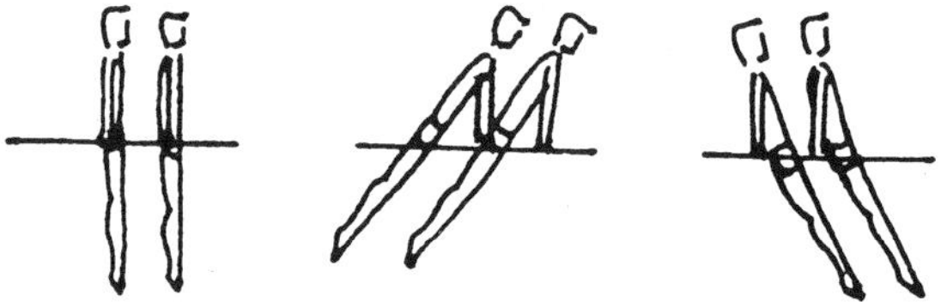

Stützpendeln mit einem Partner

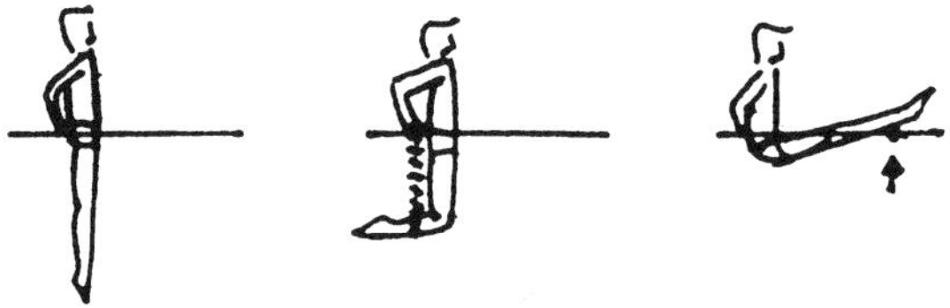

Beugestütze an beiden Holmen (Armwinkel bis 90°). Ein im Barren eingehängter Fahrradschlauch bietet Abwechslung und reduziert das Gewicht.

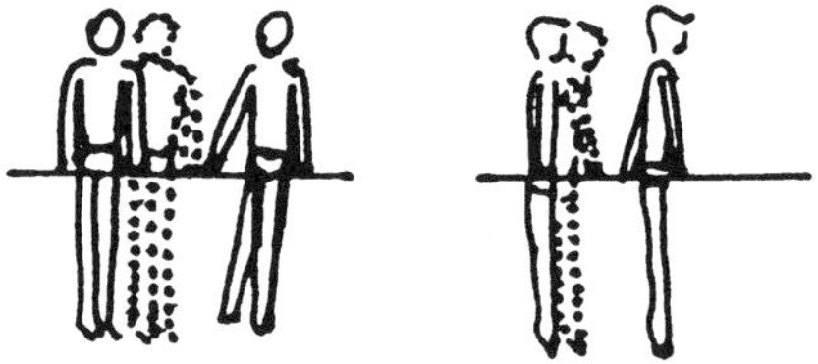

Stützwandern an einem bzw. beiden Holmen, auch Wechsel von Seit- und Querverhalten

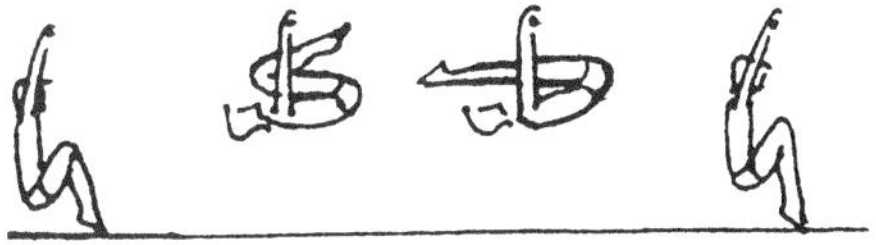

Vor- bzw. Durchhocken zum Hocksturz- bzw. Kipphang mit Halte, Rückbewegung und in Serien

Vor- bzw. Durchhocken und Senken der Füße zum Boden mit Halte, Rückbewegung und in Serien

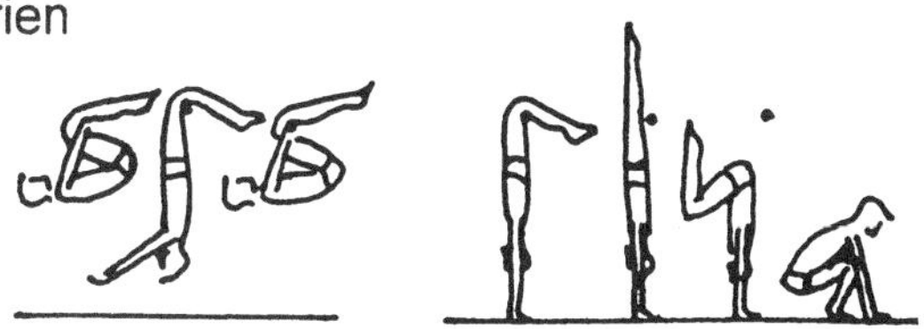

Vor- und Durchhocken zum Knieliegehang
mit Lösen des Griffes zum Kniehang,
die Hände fassen zurück zum Holm,
oder über den Handstütz abschwingen
(Mattenlage flexibel gestalten,
Hände müssen stützen)

Übungen im Hang

Übungen im Hang erweitern für alle Schüler die Übungsvielfalt am Stützgerät Barren, einschließlich der Gestaltung von Übungsverbindungen. Besonders für stützschwächere Schüler wird der Zugang zum Barrenturnen erleichtert, sind Erfolgserlebnisse und positive Erfahrungen eher möglich. Bewegungen kopfabwärts sind nicht alltäglich, können deshalb besonders zum Erproben und Üben anregen. Auf beherrschte und fließende Ausführung ist Wert zu legen.

Übungen an einem Holm im Seitverhalten

- Im Hockhangstand Erfassen des Holmes in Schulterbreite mit Rist- oder Kammgriff,
- der Körper ist unter die Griffstelle zu bringen (sichert das labile Gleichgewicht und verhindert ein Pendeln),
- Kopf nicht in den Nacken nehmen,
- bei gestreckten Armen die gehockten und geschlossenen Beine anheben (u.U. mit einem oder beiden Füßen vom Boden abstoßen),
- weiterführende Bewegung zum Kipphang usw. langsam und kontrolliert ausführen.

Übungen an beiden Holmen
im Seitverhalten

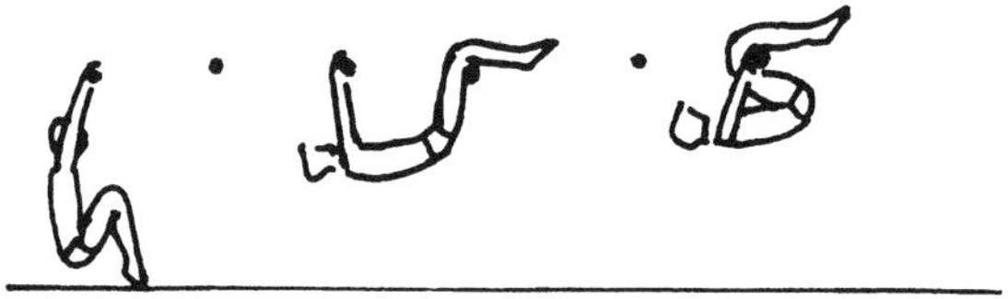

Knieliegehang aus dem Hockhangstand durch Aufspreizen der Beine über den anderen Holm, auch
mit Griffwechsel der Hände zum anderen Holm, Griffwechsel wieder zurück oder Abgang zum Hockhangstand

Übungen an beiden Holmen
im Querverhalten

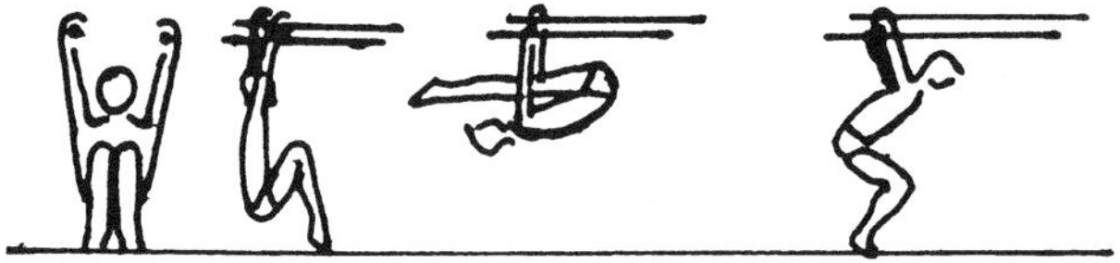

„Überdrehen" vor- und rückwärts
aus dem Hockhangstand Vorhocken und Senken der Füße zum Boden und zurück

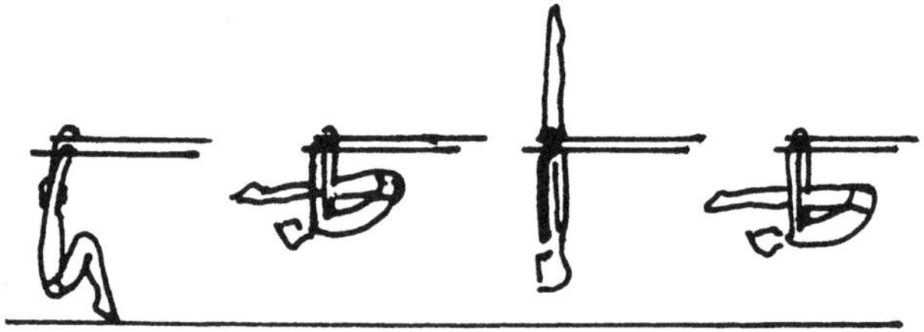

Kipphang und Sturzhang
mehrmals hintereinander, mit jeweils kurzer Halte im Kipphang und im Sturzhang

Methodische Hinweise - Erleichterungen

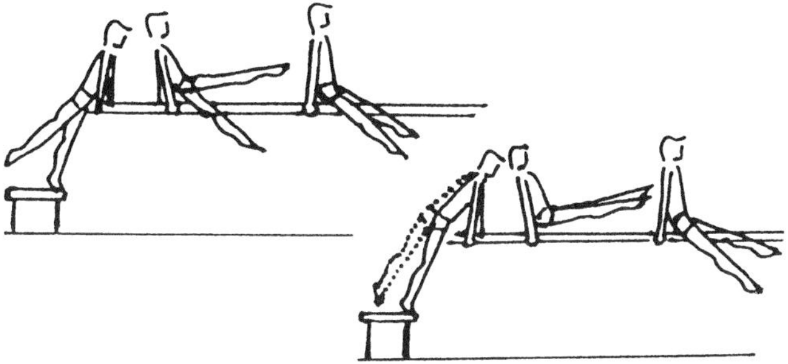

Von **einer Erhöhung** zuerst mit Schwungbein-einsatz, dann mit beidbeinigem Absprung

Varianten
Geführt oder mit einem Zwischenschwung können die Sitze verändert werden, z. B. aus dem
- Grätschsitz in den Außenquersitz rechts oder li.
- Außenquersitz in den Grätschsitz
- Grätschsitz wieder in den Grätschsitz
- Außenquersitz rechts in den Außenquersitz li.

Ein Auflösen der Sitze als Abgang vom Gerät sollte mit Haltung und Körperspannung und in den sicheren Stand erfolgen, deshalb werden Abgänge nachfolgend mit ausgewiesen.

Grätschsitz und Außenquersitz

Sitze sollten zu Beginn des Barrenturnens vermittelt werden, weil die Anforderung an die Stützkraft gemindert ist. Aber auch in höheren Klassen bieten Sitze eine Möglichkeit zur Übungsgestaltung und zum Wechsel der Belastungsanforderungen am Stützgerät Barren.

Aus dem Stütz oder Vorschwung in den

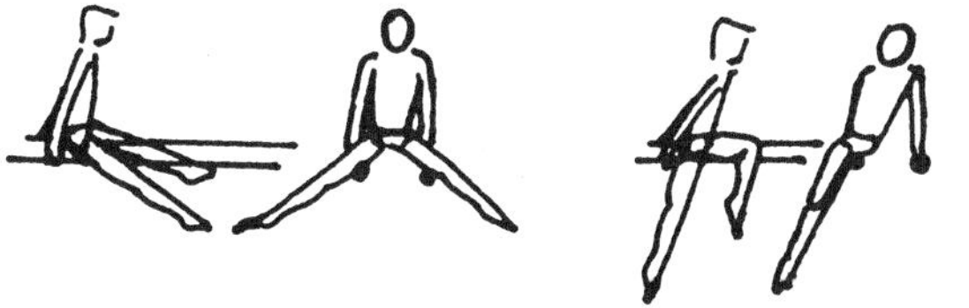

Grätschsitz **Außenquersitz** rechts oder links

- ➢Gesäß nahe der Hände bzw. der Stützhand,
- ➢„groß machen“, Oberkörper aufrichten,
- ➢Füße strecken, um die Körperspannung anzuregen.

Abgänge aus dem Grätschsitz

Geführtes Überspreizen eines Beines in den Seitsitz und Niedersprung in den Außenseitstand rücklings

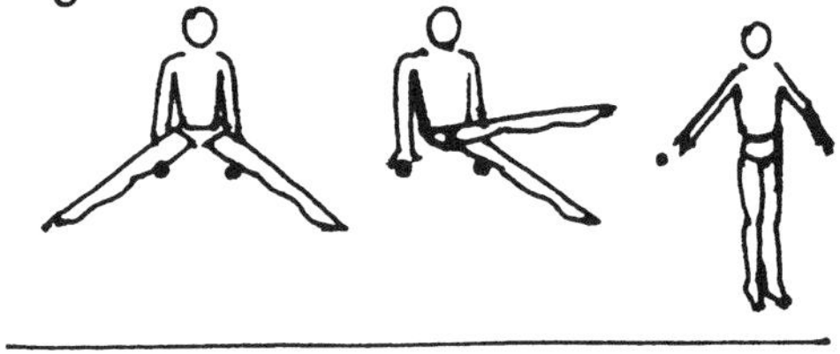

Schwungvolles Überspreizen eines Beines und Abdruck der Hände in den Außenquerstand

Einspreizen beider Beine zum Stand in der Holmengasse

Abgänge aus dem Außenquersitz

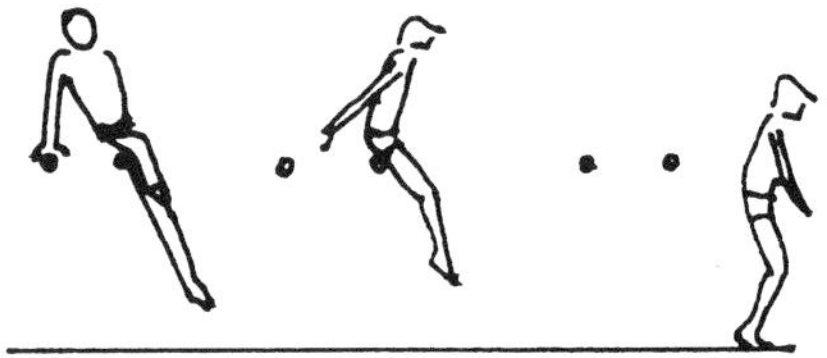

Niedersprung über den flüchtigen Seitsitz (1/4 Drehung) in den Außenseitstand rücklings

Niedersprung mit Abdruck der Hände von den Holmen in den Außenquerstand

Niedersprung mit ¼ Drehung zum Gerät in den Seitstand vorlings (Hände fassen zum Holm)

Rückschwung mit Niedersprung mit hohem oder weitem Abschwung, auch mit Grätschen und Schließen der Beine

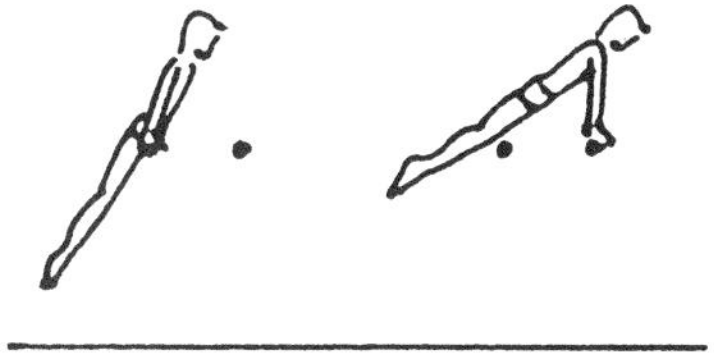

Seitliegestütz, im Stütz greifen die Hände auf den entfernteren Holm, Schultern über bzw. vor die Stützstelle bringen

Hüft-Abzug aus dem Seitliegestütz bzw. Seitstütz in den Hockhangstand oder Winkelsitz

Seitstütz auf einem Holm

Der Stütz im Seitverhalten an einem Holm ist eine Form des Stützens, ohne das Körpergewicht voll tragen zu müssen. Für stützschwächere Schüler bzw. Mädchen bietet sich ein Turnen im Seitverhalten besonders an, auch als Teil einer Übungsverbindung.

Aufgang aus dem Seitstand durch Sprung in den Stütz (auch mehrmals hintereinander)

- Die Hände erfassen in Ristgriff (Daumen um den Holm) schulterbreit den Holm,
- im Stütz werden die Arme stets gestreckt gehalten,
- sichtbares Strecken des Oberkörpers „Schultern wegschieben", „groß machen", Holm in Oberschenkelhöhe,
- den Körper spannen, im Stütz die Füße strecken (um Spannung aufzubauen).

Dreh-Spreizen aus dem Grätschsitz mit einer ¼ Drehung in den Liegestütz oder mit einer ½ Drehung in den Außenquersitz

Dreh-Spreizen aus dem Außenquersitz mit einer ½ Drehung in den Grätschsitz oder Außenquersitz

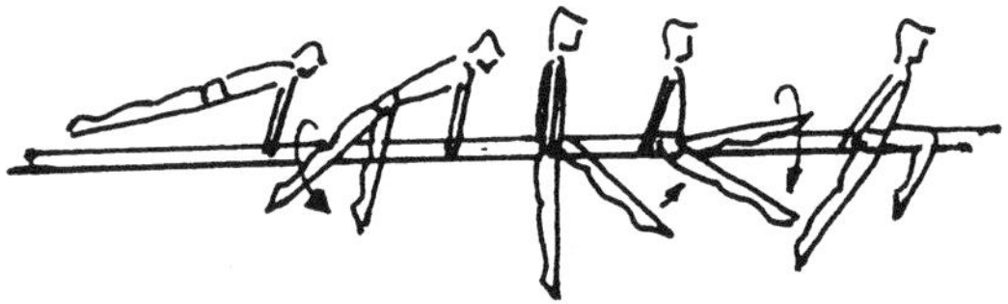

Überspreizen eines Beines beim Rückschwung, Nachspreizen des anderen Beines beim „Vorschwung" in den Außenquersitz

Spreizübungen

Spreizübungen bereichern das Turnen am Barren. Sie sind bereits kleine Verbindungen mit Möglichkeit zur variablen Gestaltung. Neben einem hohen Stütz ist der gesamte Körper gespannt zu halten. Nur dann sind Spreizübungen relativ einfach und frei vom unangenehmen Druck der Holme. Gegengleiche Ausführungen bieten sich an. Wiederholte Hinweise zur Körperspannung und Beinstreckung erscheinen notwendig, auch als Schwerpunkt der Selbst- und Fremdbeobachtung.

Vor- und Rückspreizen im Liegestütz und **Dreh-Spreizen aus dem Liegestütz** mit einer ¼ Drehung in den Grätsch- oder Außenquersitz

Stützpendeln mit Aufsetzen der Füße **beim Vorschwung**; Einschwingen des gehockten Körpers und erneutes Aufsetzen der Füße beim Vorschwung

Stützpendeln mit Aufsetzen der Füße **beim Rückschwung** (Rücken hochziehen); Einschwingen und erneutes Aufsetzen beim Rückschwung

Querliegestütz mit Stütz auf beiden Holmen und Wechsel der Hände auf einen Holm (Rücken leicht anheben)

Schwingen im Stütz

Vorbereitende Übungen

Die Schüler sollen Erfahrungen hinsichtlich der notwendigen Verlagerung des Körpers zum Gleichgewichtserhalt sammeln. Übungswiederholungen sind auch für die allgemeine Kräftigung und zur Ausprägung eines Bewegungsrhythmus von Vor- und Rückschwung angebracht. Außerdem ermöglichen diese Übungen einen Aufschluss über die körperlichen und koordinativen Voraussetzungen für ein Schwingen im Stütz.

- Vorbereitende Übungen zuerst mit gehockten, dann mit gestreckten Beinen ausführen.

Stützpendeln aus dem Hockstütz mit Aufsetzen der Füße auf die Holme beim Vorschwung; Griffwechsel vor die Füße und erneutes Stützpendeln

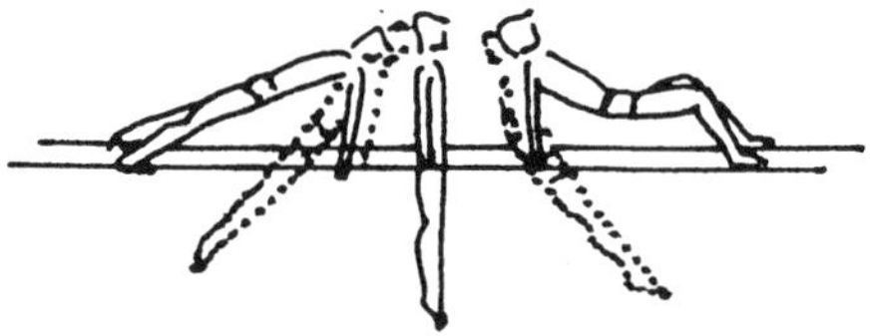

Stützpendeln mit Aufsetzen der Füße jeweils **beim Vor- und Rückschwung**

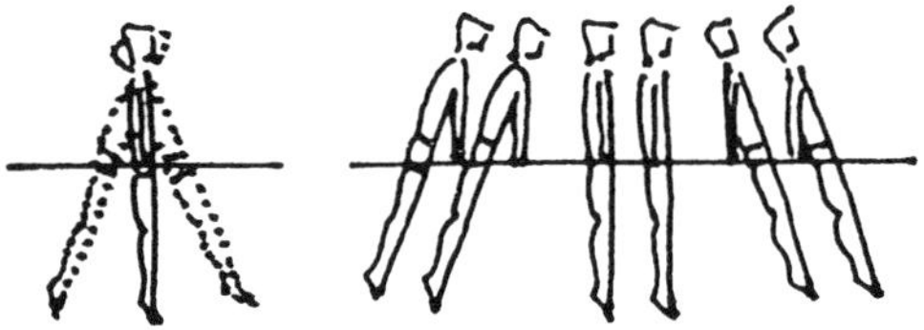

Stützpendeln mit gestrecktem Körper
zuerst mit sehr geringer Amplitude, auch als Übung zu zweit oder zu dritt an einem Barren

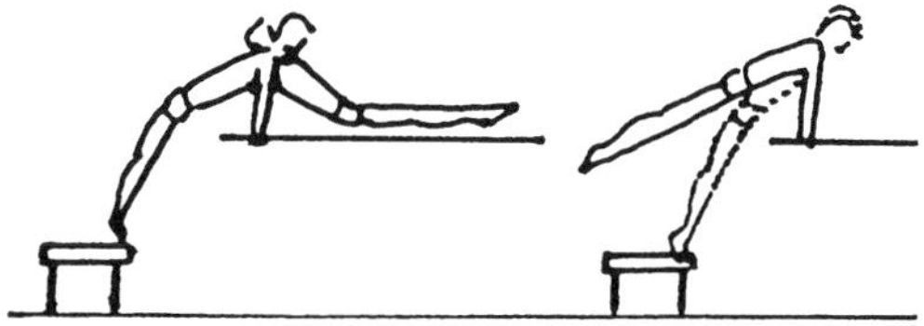

Vorschwung von einer Erhöhung
Rückschwung und Aufsetzen der Füße auf die Erhöhung, mehrmals hintereinander

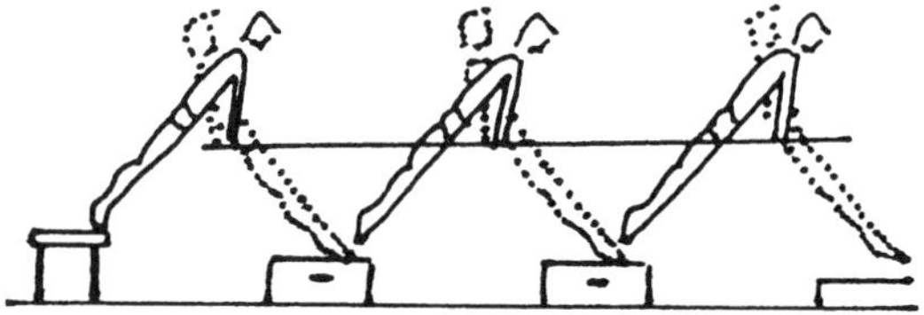

Stützschwingen

- Aus dem Stand auf einer Erhöhung vor der Holmengasse mit gestreckten Armen zum Stützstand vorgreifen,
- beidbeiniger Absprung nach hinten oben zum Vorschwung,
- Hüftstreckung und Landung auf einer in der Barrengasse stehenden Erhöhung (Kastendeckel),
- Vorgreifen zum Stützstand usw.

- **Kastenbarren** als Hilfe besonders für einen aktiven Rückschwung durch das Aufsetzen der Füße beim Rückschwung

- Der Wechsel von Vor- und Rückschwung sollte rhythmisch erfolgen, mit der notwendigen Schulterverlagerung, um das Gleichgewicht zu erhalten.
- Orientierungshilfe für die Schwungamplitude durch ein von zwei Helfern gehaltenes Seil oder Gummiband, das bei „gestreckter" Körperhaltung mit den Füßen zu erreichen ist.
- Auf geringes Beugen der Hüfte ist beim Vorschwung zu achten (starkes Beugen führt zu schwachen oder fehlendem Rückschwung).

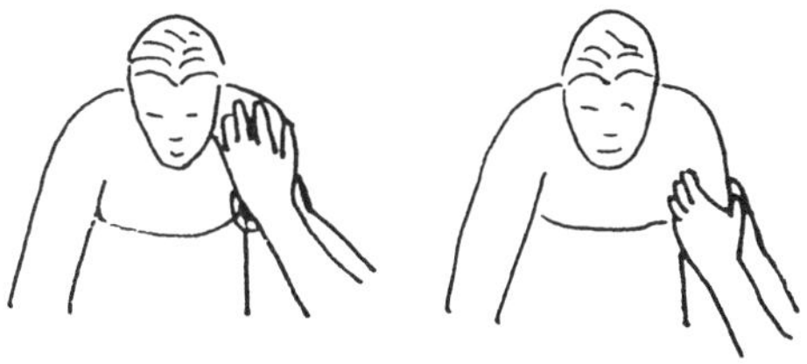

Θ Ein Helfer wirkt dem Vor- oder Rückfallen entgegen, indem er den Stütz an der Schulter und am Oberarm oder mit Klammergriff am Oberarm stabilisiert.

Schwingen im Stütz

Das Schwingen im Stütz ist eine grundlegende Fertigkeit am Parallelbarren, eine Grundlage für weitere Elemente an diesem Gerät, z.B. der Abgänge Kehre und Wende. Ziel sollte es sein, die gestreckten Beine beim Vor- und Rückschwung über Holmhöhe zu schwingen.

- ➢ Während des Schwingens sind die Arme gestreckt zu halten, auch weitgehend der Körper,
- ➢ jeweils nach der Senkrechten erfolgt ein aktiver Schwungeinsatz der geschlossenen Beine,
- ➢ beim Vorschwung ist die Hüfte mitzunehmen „Füße und Bauch hoch",
- ➢ beim Rückschwung geht der Rücken der Bewegung voraus, kein Hohlkreuz, „Rücken schwingt mit".

Varianten

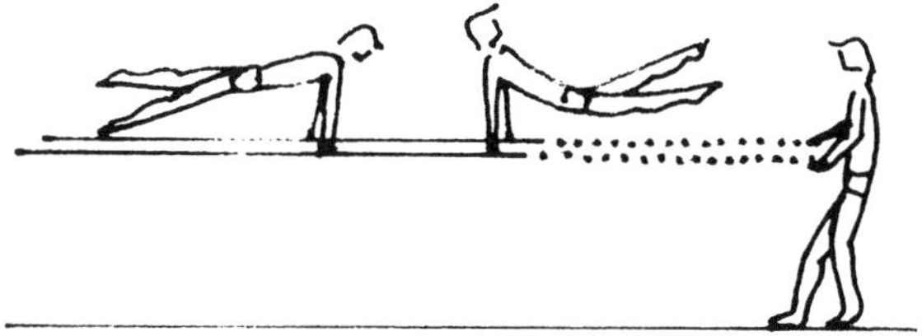

Schwingen mit Grätschen und Schließen der Beine über den Holmen beim Vorschwung oder Rückschwung oder beim Vor- und Rückschwung (auf geringes Beugen der Hüftgelenke achten)

E Erleichterung durch Grätschen und Schließen der Beine über **verlängerte Holme.**

- Sprung- oder Gummiseile werden an den Holmen angebracht und durch einen Partner in Holmhöhe gehalten.
- Damit soll die Angst vor einem Anstoßen an den Holmen genommen und Bewegungssicherheit geschaffen werden.
- Zuerst Vorschwung mit Grätschen üben (durch optische Kontrolle einfacher als die Rückschwungvariante).

Synchrones Schwingen mit einem Partner und in Kleingruppen

Kleine Wettbewerbe können das Schwingen auflockern und bereichern.
Ein zwischen den Füßen gehaltener Gegenstand (Schaumstoffteil, Sandsäckchen, Tennisring) wird dem Partner übergeben oder zugeworfen, auch z.B. mit dem zweiten oder dritten Vorschwung in ein Ziel oder in die Weite befördert (damit wird auch die Beinspannung angeregt).

- Um möglichst viel aktive Übungszeit zu gewährleisten, sollten zwei Schüler zeitgleich an beiden Holmenden turnen.
- Ein beidseitiges Turnen der Kehre rechts und links ist anzuregen.

Θ Auf der Landeseite stehend unterstützt der Helfer mit halben Klammergriff am Oberarm den Stütz und mit der anderen Hand am Rücken/Gesäß das Überqueren des Holmes durch ein Schieben.

Kehre in den Außenseitstand

Die Kehre ist ein relativ leichter und für den Schulsport gängiger Abgang am Ende des Vorschwungs. Voraussetzung ist ein Schwingen bis über Holmhöhe. Sie ist möglichst aus dem ersten Schwung heraus zu turnen, um die Stützzeit und den Kraftaufwand gering zu halten.

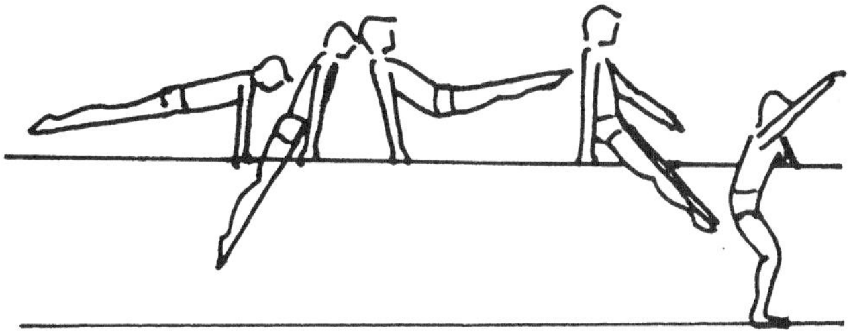

- ➢ Aus dem Absprung oder Rückschwung Vorschwung des gestreckten Körpers bis zur Senkrechten,
- ➢ danach leichtes Vorauseilen der Beine mit leichtem Beugen im Hüftgelenk bis über Holmhöhe,
- ➢ beim Überqueren (-kehren) des Holmes drückt die Hand vom entfernteren Holm ab,
- ➢ bei der Landung greift diese Hand am standnahen Holm zu, sichert den Stand,
- ➢ die Arme sind stets gestreckt zu halten.

Methodische Hinweise - Erleichterungen

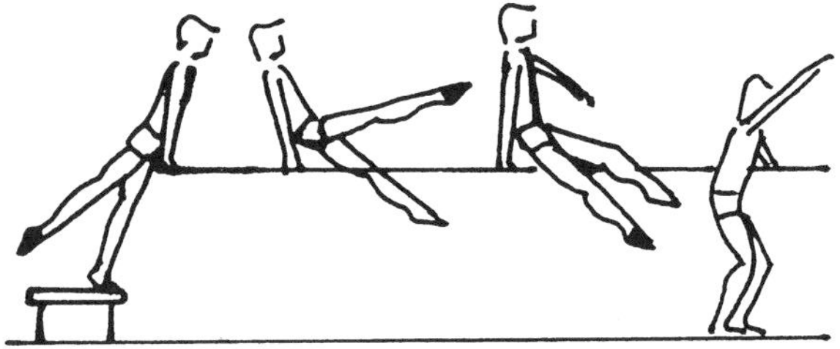

Spreizkehre mit Schwungbeineinsatz
von einer Erhöhung

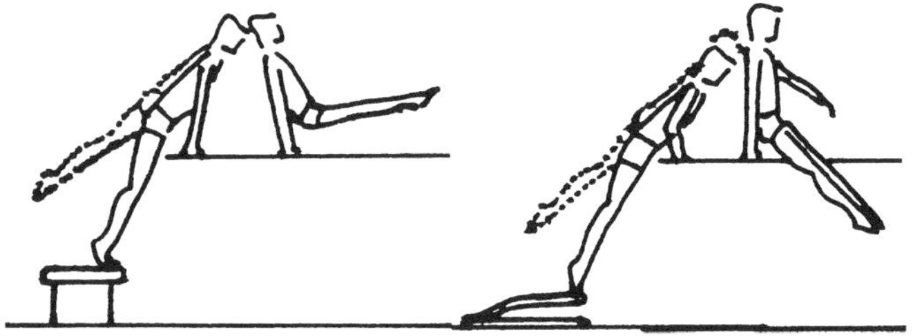

Kehre aus dem beidbeinigen Absprung
von einer Erhöhung

Lauf- oder Spreizkehre
aus dem Angehen oder Anlauf heraus
(auch als Wettbewerb „Kehrhasche" zur Konditionierung bei erlernter Kehre)

V Kehre mit ¼ Drehung zum Gerät
in den Außenseitstand vorlings
Über den Holmen erfolgt die ¼ Drehung zum Gerät, gleichzeitig drückt die Hand vom entfernteren Holm ab, beide Hände erfassen bei der Landung den Holm.

- Die Wende ist möglichst aus dem ersten Rückschwung heraus zu turnen, um die Stützzeit und den Kraftaufwand gering zu halten.
- Verlängerte Holme (Sprung- bzw. Gummiseil) oder schräg tiefgestellte Holme erleichtern die Ausführung und tragen zur Bewegungssicherheit bei.
- Ein beidseitiges Turnen der Wende ist anzuregen, nachdem der Abgang nach einer Seite beherrscht wird.

Θ Auf der Landeseite stehend sichert der Helfer mit halbem Klammergriff am Oberarm, die andere Hand unterstützt am Oberkörper/Bauch das Überqueren des Holmes.

Wende und **Hockwende**

Die Wende ist ein relativ schwieriger Abgang über einen Holm seitwärts aus dem Rückschwung, u.a. weil die Bewegung visuell nicht kontrollierbar ist. Voraussetzung für die Wende ist ein Rückschwung über Holmhöhe.

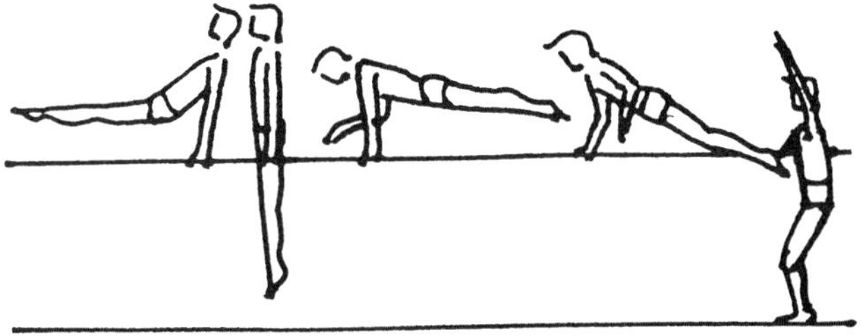

Wende in den Außenquerstand

- ➢ Rückschwung über Holmhöhe, die Arme sind gestreckt,
- ➢ Stützverlagerung auf den Arm, wo der Holm überquert werden soll,
- ➢ Überqueren des Holmes mit gestrecktem Stützarm bei gleichzeitigem Abdruck der Hand vom anderen Holm,
- ➢ Umgreifen an den Holm, der überquert wird, um den Stütz und die Landung zu sichern.

Methodische Hinweise - Erleichterungen

Hockwende von einer Erhöhung,
um den Bewegungsablauf, insbesondere den Griffwechsel bei gestreckten Armen und das Anheben des Rückens zu erspüren

Hockwende aus dem Schwingen über verlängerte bzw. über schräg tiefgestellte Holme

Hockwende

Die Hockwende ist sowohl Vorübung für die Wende als auch Zielelement für Schüler mit weniger gutem Rückschwung.

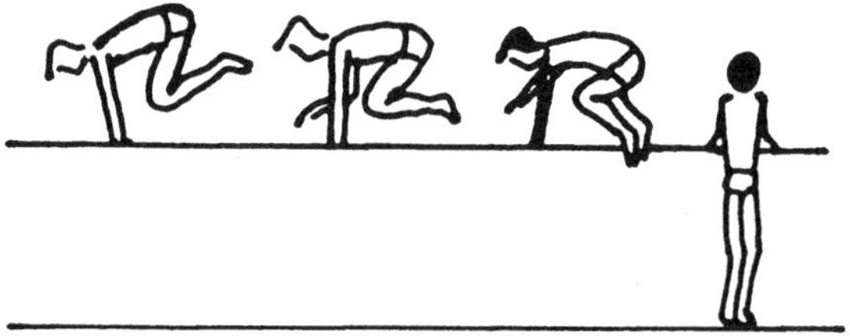

V **Wende mit ¼ Drehung zum Gerät**
in den Außenseitstand vorlings

- ➢Rollbewegung über die Oberarme mit gestreckten und gegrätschten Beinen, die Hände greifen zeitig um, wenn sich das Gesäß über der Stützfläche befindet (die Hände sollen der Rollbewegung vorauseilen),
- ➢Aufrichten des Oberkörpers mit Nachdrücken der Arme zum Grätschsitz.

Θ Helfer wirken mit einer Hand am Rücken in der Holmengasse unterhalb der Holme einem Durchfallen entgegen und mit der anderen Hand wird oberhalb der Holme am Oberschenkel die Rollbewegung unterstützt.

Rolle vorwärts aus dem Grätschsitz in den Grätschsitz

Dieses Turnelement ist nur für Schüler geeignet, die die Rolle vorwärts am Boden aus dem Liegestütz oder aus dem Grätschstand beherrschen. Ab Klasse 8 könnte die Rolle vorwärts am Barren ein Wahlelement für diese Schüler sein.

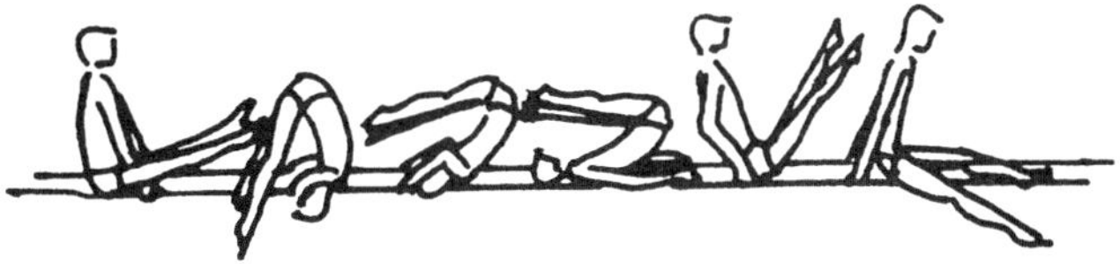

- ➢Die Hände erfassen die Holme nahe der Oberschenkel,
- ➢mit einem Auftakt werden die gestreckten Beine leicht nach vorn oben geführt und der Oberkörper nach hinten geneigt (Schwung holen),
- ➢Oberkörper rund machen, Kopf zur Brust neigen, Ellbogen nach außen (unten) drücken, die Oberarme berühren kurz vor den Händen die Holme,
- ➢Gesäß bewusst mitnehmen (hochziehen) sowie Abdruck der Oberschenkel von den Holmen,

Methodische Hinweise – Erleichterungen

Rolle vorwärts aus dem Liegestütz auf den Holmen auf eine Matte (Helfer unterstützen am Oberschenkel)

Rolle vorwärts von einer Erhöhung auf eine Matte (Helfer unterstützen am Oberschenkel und am Oberarm)

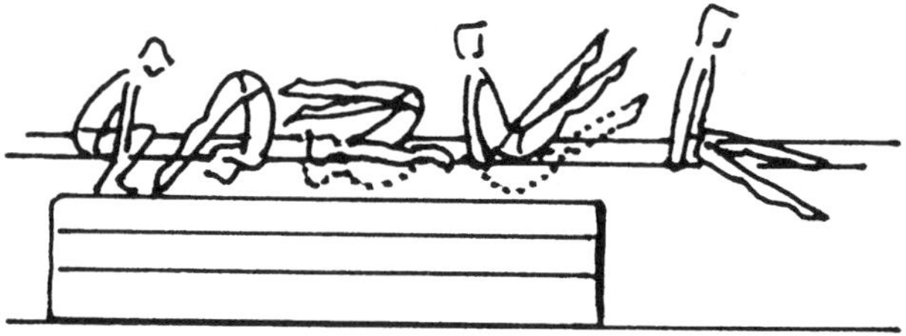

Rolle vorwärts aus dem Hockstand auf dem Kasten in der Holmengassen in den Grätschsitz (im Verlauf des Übens ist die Höhe des Kastens immer mehr zu verringern)

- Auf ein schnelles Umfassen der Hände zum Wiedererfassen der Holme ist besonders zu achten, weil damit die Bewegungssicherheit verbunden ist.
- Unterstützung beim Anheben des Gesäßes (des Körperschwerpunktes) erleichtert die Rollbewegung.
- Ein Kasten oder Mattenberg in der Holmengasse kann Angst vor einem „Durchfallen“ nehmen.

- ➢ die gespreizten und gestreckten Beine seitwärts nach oben führen und schließen zum Oberarmstand (Ellbogen aktiv nach unten drücken),
- ➢ Hüfte leicht beugen, Umgreifen der Hände und Abrollen über die Oberarme mit Grätschen der Beine – dabei gebeugte Hüften und Körperspannung unbedingt beibehalten (gestrecktes Umfallen führt zum schmerzhaften Aufsetzen der Beine auf die Holme); Aufrichten zum Grätschsitz.

ʘ Ein Helfer fördert mit Klammergriff am Oberschenkel das Heben in den Oberarmstand und stabilisiert den Stand (möglich ist auch eine Hilfe am Becken beim Anheben des Gesäßes über den Stütz); die Abrollbewegung wird nachgebend mit einer Hand am Oberschenkel und mit der anderen Hand am Rücken unterhalb der Holme gesichert.

Oberarmstand aus dem Grätschsitz

Für das Turnen in der Schule ist der Oberarmstand ein sehr anspruchsvolles Element. Ein sicherer Kopfstand am Boden und die Rolle vorwärts aus dem Grätschsitz am Barren sind Voraussetzung, um den Oberarmstand als Übungsgut zu lehren. Der Oberarmstand kann mit Abrollen oder Rückbewegung in den Grätschsitz geturnt werden.

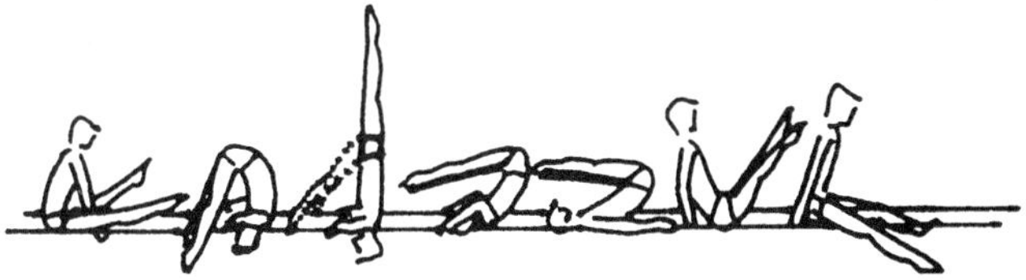

- ➢ Die Hände erfassen die Holme nahe der Oberschenkel, Auftaktbewegung durch leichte Rückführung des Oberkörpers bei gleichzeitigem Anheben der gestreckten Beine,
- ➢ Ellenbogen nach außen (unten) drücken und den nur wenig gebeugten Oberkörper nach vorn bringen, Kopf leicht in den Nacken nehmen, Oberarme etwas vor den Händen auflegen, Gesäß anheben (vergleichbar der 1. Phase beim Kopfstand),

Methodische Hinweise – Erleichterungen

Eine auf die Holme gelegte Matte kann Hemmungen beim Abrollen mindern, weil ein „Durchfallen“ und Anstoßen an den Holmen nicht gegeben ist. Mit diesem Wissen kann auch eine erhöhte Konzentration auf den Oberarmstand verbunden sein. Zu beachten ist, dass das Umgreifen erschwert bzw. nicht möglich ist. Deshalb bietet sich ein Rückbewegen in den Grätschsitz an.

Imitationsübung am Boden
zum Erlernen der Abrollbewegung: Nackenstand, Beine zum Rumpf und Rollen in den Grätschsitz

Oberarmstand nach Aufsetzen der Füße auf die Holme
Grätschsitz, Oberarme etwas vor den Händen auflegen, dann die Füße der gehockten Beine auf den Holmen aufsetzen, gehocktes Heben zum Oberarmstand

Übungsverbindungen

Übungsverbindungen mit ca. sechs Elementen sind auch am Barren möglich und als langfristige Zielstellung über mehrere Klassen anzustreben. Dem Leistungsvermögen des Einzelnen entsprechend, sind verfügbare Elemente in einer individuell günstigen und ansprechenden Übung zu verbinden. Übungen im Hang und Stütz, damit auch Bodenkontakte im Übungsverlauf, sind möglich. Die Schüler sollen sich gegenseitig beraten und helfen, damit ihre Übungsverbindungen möglichst individuell und effektvoll sind. Dazu bietet sich ein Turnen in Gruppen an.

Die nachfolgenden Beispiele sind als Anregung zu verstehen, basierend auf den Inhalten ab Seite 105.

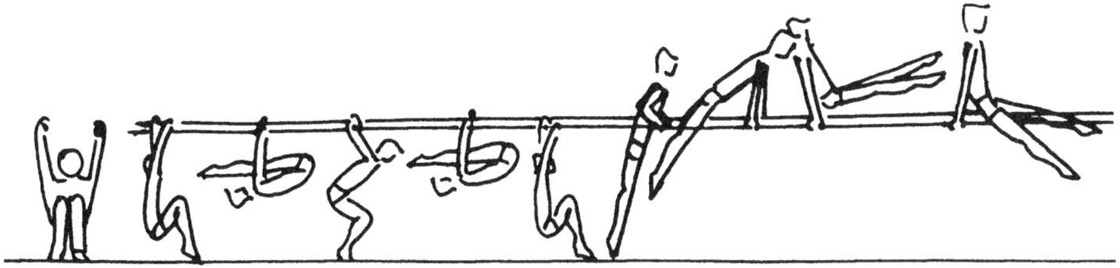

Stand, Hockhangstand mit Ristgriff — Kipphang mit Senken der Füße zum Boden; Rückbewegung in den Hockhangstand — Aufrichten in den Stand Vorschwung in den Grätschsitz

⇑ Hüft-Abzug — ⇐ Dreh-Spreizen in den Liegestütz

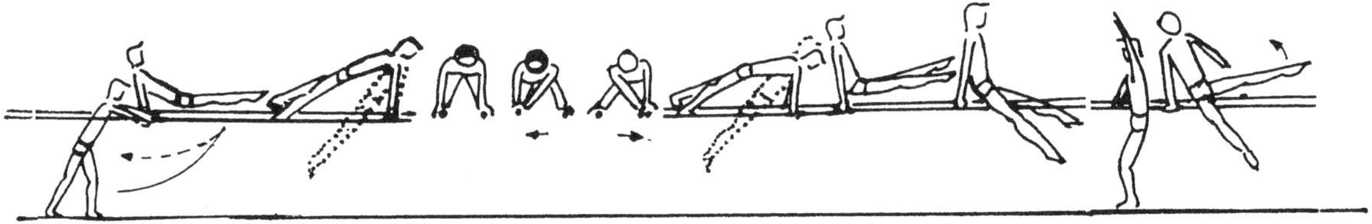

Vorschwung mit Aufsetzen der Füße beim Rückschwung auf die Holme

Stütz der Hände auf einem Holm, Stützwechsel

in den Liegestütz zurück und Einschwingen in den Grätschsitz

Abspreizen oder Einschwingen mit Kehre

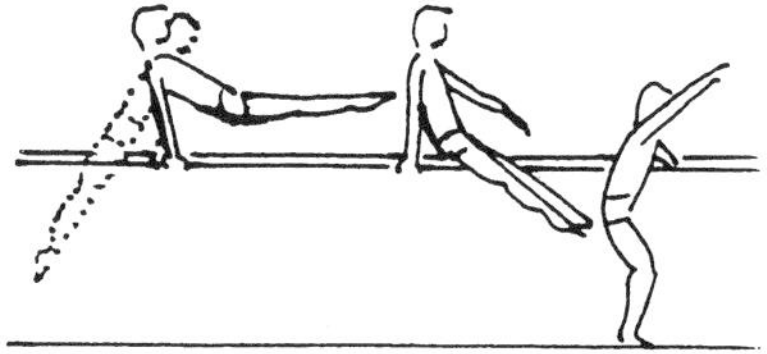

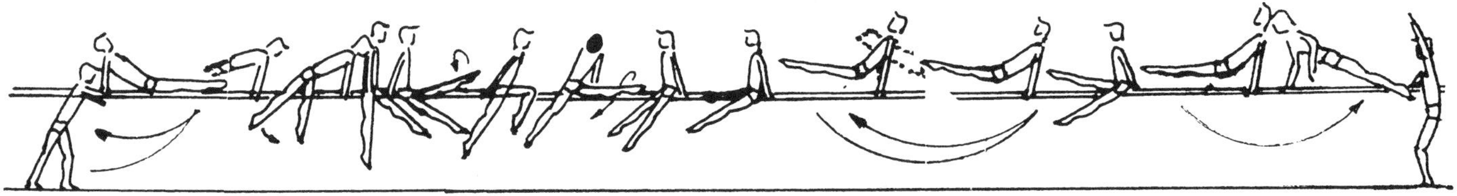

Vorschwung, Rückschwung mit Überspreizen eines Beines

Nachspreizen in den Außenquersitz

Dreh-Spreizen in den Grätschsitz

Einschwingen zum Grätschsitz

Einschwingen mit Wende oder Kehre

Paar- und Gruppenturnen

Das Paar- und Gruppenturnen setzt ein gegenseitiges Beobachten und Anpassen voraus. Individuelle Möglichkeiten und Grenzen sind von den Partnern bewusst zu beachten, denn das Miteinanderturnen baut auf die für alle Schülerinnen und Schüler verfügbare motorische Vorerfahrung und auf ihre Kooperationsbereitschaft auf. Ein Turnen nach dem Prinzip des „**Vor- und Nachmachens**" bietet sich für das **Paarturnen** an. Bei Blickkontakt turnt ein Schüler eine Übung vor, die der Partner nachvollzieht. Die Partner können sich auch ständig im Vor- und Nachmachen abwechseln oder ohne Festlegung, situationsgebunden und spontan reagieren. Hang-, Sitz-, Stützformen, Schwünge und Stände können sich in wechselnder, offener Folge ablösen.

Beim **Synchronturnen** am Barren geht es um die Gleichzeitigkeit und das Gleichmaß der Bewegung. In der Regel beginnen beide Partner an den Holmenden, mit Blickkontakt. Der besondere Reiz des gemeinsamen und synchronen Turnen am Dreifachbarren (zwei Barren nebeneinander) besteht im abgestimmten Handeln von drei bis sechs Schülern.

Nebeneinander im Seitverhalten

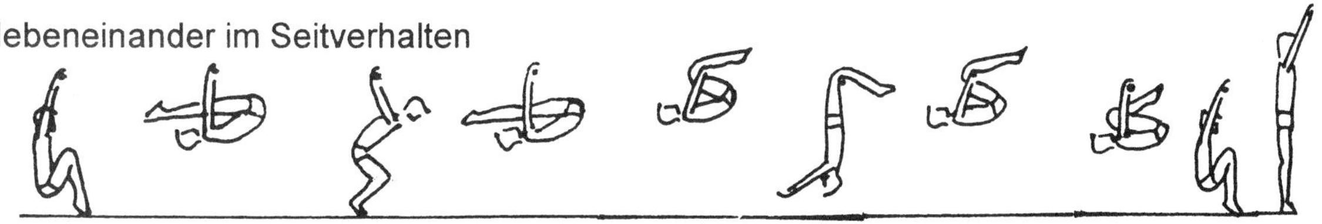

Stand Hockhang-stand

Kipphang, Füße zum Boden senken, zurück in den Kipp-hang

Kniehang, freier Kniehang

Senken zum Hockhangstand, Stand oder Handstütz-Abschwingen ⇐

Beginn an den Holmenden gegenüber

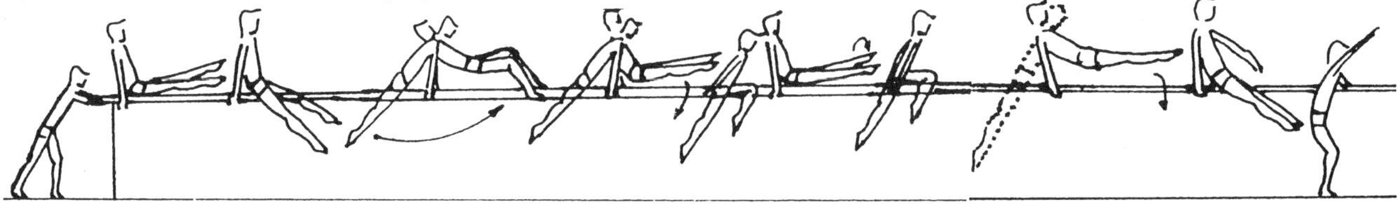

Vorschwung in den Grätschsitz

Einschwingen, beim Vorschwung Füße aufsetzen

Einschwingen zum Außenquersitz

Seitenwechsel des Außenquersitzes

Einschwingen und Kehre

Übung am Dreifachbarren zu viert: alle rechts – alle links – alle nach außen

Dreifachbarren (durch lautes Ansagen gemeinsamer Beginn der einzelnen Übungen)
An den Holmenden zu sechst, z. B. alle gleichzeitig: Hockhangstand, Kipphang, Sturzhang (mit Halte)

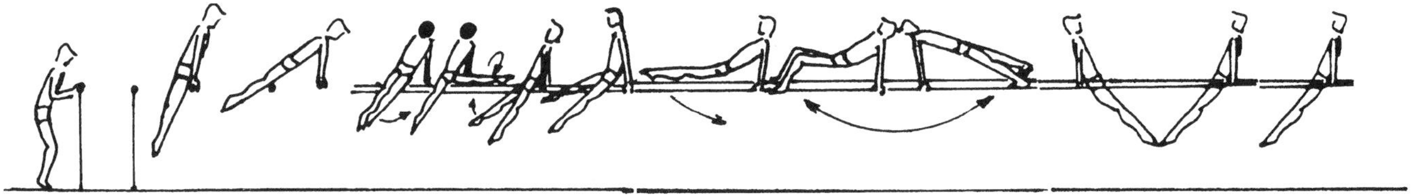

Außenseitstand vorlings, Sprung in den Stütz

Übergreifen beider Hände zum anderen Holm in den Liegestütz

Einspreizen des Beines zum Holmende mit ¼ Drehung in den Grätschsitz

Einschwingen und Aufsetzen der Beine beim Vor- und Rückschwung (Gegenüber widergleich) 2 mal

Pendelschwingen mit Fußkontak oder gleiche Richtung, 3 mal, Niedersprung in den Stand

Übung zu viert mit gleichem Abstand zum Partner und zum Holmende beginnen

Notizen

Balken / Bank

Das Turnen auf einer schmalen Unterstützungsfläche (Bank 27 cm, Balken 10 cm), ohne das Gerät zu verlassen, zwingt den Übenden, den Spannungszustand der Muskelgruppen, die zur Stabilisierung notwendig sind, ständig zu koordinieren. Das ist fast die gesamte Skelettmuskulatur und besonders die Muskulatur, die zur Aufrechterhaltung des Rumpfes verantwortlich ist (Rückenstrecker, gerade Bauchmuskulatur, Lenden-Darmbein-Muskel). Hierin liegt auch die vielseitige Wirkung und Funktion des Übens unter erschwerten Gleichgewichtsbedingungen begründet.

Das Turnen auf dem Schwebebalken bzw. auf der Bank fordert und fördert vor allem
- das Gleichgewichtsempfinden (Entwicklung der Gleichgewichtsanalysatoren),
- die Wahrnehmungsfähigkeit des eigenen Körpers (besonders Empfinden für Spannung und Entspannung),
- die Kraft der Stabilisierungsmuskeln und die Haltung und Spannung (beugt so auch Haltungsschwächen vor oder hilft sie zu beseitigen),
- Konzentration, Aufmerksamkeit und zum Teil Mut.

Sowohl allgemeine Übungen (Gewöhnungs- und Balancierübungen) als auch mehr gymnastisch-turnerische Übungen sind geeignet, um die genannten Wirkungen und Anpassungen zu erreichen.

Das Balancieren auf Bänken oder Balken erfordert keine besonderen Bewegungserfahrungen und Voraussetzungen an Arm- und Rumpfkraft und ist für Mädchen und Jungen ohne Probleme auszuführen. Die Übenden müssen „lediglich“ die am Boden gemachten Bewegungserfahrungen den veränderten Gleichgewichtsbedingungen anpassen (engerer Fußaufsatz und Stütz, größere Geradlinigkeit). Generell ist für den erfolgreichen und motivierenden Unterricht mit Bänken und Balken wesentlich, die Gerätbedingungen und Bewegungsaufgaben so auszuwählen und zu organisieren, dass die Übenden möglichst lange auf der schmalen Unterstützungsfläche üben können, um einen größeren Effekt zu erzielen. Das Paar- und Gruppenturnen und das umfassende Nutzen von Turnbänken, auch erhöht auf Hockern stehend, ist dabei hilfreich.

Verschiedene Aufstellungsformen der Bänke – Bänke hintereinander, parallel nebeneinander, im Viereck aufgestellt oder zwischen zwei Balken eingehängt – schaffen Abwechslung im Übungsprozess und erhöhen ebenfalls die Intensität.

Ähnlich wie am Sprung können bei einzelnen Schülern bedingt durch die Höhe und geringe Breite der Unterstützungsfläche auch Angstprobleme auftreten, die demotivierend und lernhemmend wirken können. Deshalb ist es für den Lehrer besonders wichtig, angemessene Ausführungsbedingungen und Bewegungsaufgaben einzusetzen. Sie dürfen nicht zu einfach sein, dann sind sie uninteressant und von geringer Wirkung, und auch nicht zu schwierig, um keine u.U. schmerzhaften Stürze zu provozieren. Die beste Möglichkeit, Überforderungen und Ängste zu vermeiden besteht dann, wenn die Schüler selbst die Gleichgewichtsbedingungen und z.T. auch die Art der Bewegungsaufgaben wählen. Anregungen, sich schwierigeren Gleichgewichtsanforderungen zu stellen, sind damit nicht ausgeschlossen, jedoch sollte auf dem hohen Balken zu turnen, nicht unbedingtes Ziel für alle Schüler sein. Einfachere Gleichgewichtsbedingungen haben den Vorteil, dass ein größeres Übungsrepertoire angeboten werden kann.

Weitere methodische Empfehlungen:

- Bereits am Boden auf Linien turnen, um auf die Geradlinigkeit zu orientieren,
- Turnen mit besonderer Aufmerksamkeit und Konzentration,
- barfuss turnen, um die Sicherheit zu erhöhen,
- Üben auf höherem Gerät verstärkt das Bemühen, nicht herunterzufallen (Übungseffekt vergrößert),
- Turnen auf höherem Balken mit Aufsteigen von einem Turnhocker (verringert Pausen),
- Üben mit geschlossenen Augen, auch mit Hilfe (vervollkommnet in besonderer Weise das Bewegungsempfinden durch Ausschluss des optischen, jedoch stärkere Beanspruchung und Vervollkommnung des kinästhetischen und taktilen Analysators für die Wahrnehmung),
- für Staffelwettbewerbe Bewegungsaufgaben und Bedingungen wählen, die alle Übenden lösen und bewältigen können.

Empfehlungen zum Balken-/Bankturnen

Steigerung der Schwierigkeit der Ausführungsbedingungen ist wie folgt möglich

- Linie auf Bodenmatte
- Bänke – Breitseite
- Bänke – Breitseite auf Erhöhung (z.B. auf Turnhocker)
- Bänke – Schmalseite (umgedreht), auch auf Erhöhung
- Balken niedrig
- Balken größere Höhe 80 cm, 1.00 m , 1.20 m

Steigerung der Schwierigkeit der Bewegungsaufgaben

(Gehen, Laufen, Hüpfen, Stände) kann durch folgende Modifikationen erfolgen

- Nach bestimmtem Takt, Rhythmusvorgabe durch Lehrer oder Übende selbst (Klatschen, Tamburin, Musik), mit Tempowechsel
- mit zusätzlichen Teilkörperbewegungen (veränderte Haltungen oder Bewegungen von Armen, Beinen, Rumpf und Kopf)
- mit Hoch-Tiefbewegung
- mit Richtungsänderungen (mit Drehungen, Seitwärts- oder Rückwärtsbewegungen)
- synchron mit Partner oder in der Gruppe
- bei Ständen: Auf dem Ballen, auf einem Bein, mit verschiedener Stand- und Spielbeinhaltung, mit längerer Haltezeit

Gewöhnungsübungen – Balancieren (für Mädchen und Jungen empfohlen)

Die genannten Übungsformen sind sehr vielfältig und ihrer weiteren Ergänzung sind keine Grenzen gesetzt. Für ihre Vermittlung genügt es meist, nur bestimmte Anregungen zu geben, Aufgaben zu stellen, Wahlmöglichkeiten zu empfehlen und auch selbst Übungsvorschläge erfinden und probieren zu lassen.

Gewöhnungsübungen Gehen (Bank/Balken)

- Vorwärts, rückwärts, seitwärts, auch mit Übersetzen eines Beines vorwärts oder rückwärts; kombiniert, auch mit ½ oder 1/1 Drehung
- mit Anheben der Knie, Anfersen, Spreizbewegungen, Achterkreisen der Beine
- mit Hand-, Schulter- oder Armbewegungen, Vor-, Hoch-, Nackenhalte, Hüftstütz, locker herunterhängend, straff gestreckt
- mit zusätzlicher Kopf- und Rumpfbewegung
- nach vorgegebenem Tempo bzw. Tempowechsel – Klatschen, Zählen o.ä. durch Lehrer oder Schüler, mit Singen von Liedern
- mit Partner oder in Gruppe, synchron, Vor- und Nachturnen
- kleine oder große Schritte, Füße dicht voreinander
- laut, leise, torkelnd, stampfend, lässig
- auf dem Ballen in der Hocke im Wechsel
- in Verbindung mit Laufschritten
- Gehen aneinander vorbei; über Hindernisse, auch über Partner
- mit Tragen und Übergeben von Gegenständen (Bälle, Seile, Reifen, Stäbe u.a.)
- Tanzschritte und Tanzbewegungen nach Musik (passende Bewegungen selbst finden oder mit Anregungen durch Partner oder in Gruppe, mit Hoch-Tiefbewegungen, mit Drehungen)
- mit geschlossenen Augen, auch mit Hilfe

Zieh- und Schiebekämpfe
„Tauziehen“ mit Seil am niedrigen Balken/Bank

V Balance
Ein gespanntes Seil wird nah am Körper mit stark gebeugten Armen gehalten, langsames Strecken der Arme und Gleichgewichtserhalt trotz Schräglage des Körpers, auch mit Kniebeugen.

Im Gleichgewicht bleiben bzw. aus dem Gleichgewicht bringen Werfen oder Stoßen und Fangen von Bällen in Brusthöhe auf Bänken gegenüber (auch kleine Medizinbälle).

Gewöhnungsübungen

Interessante Ausführungsbedingungen und spielerische Formen wirken stimulierend.

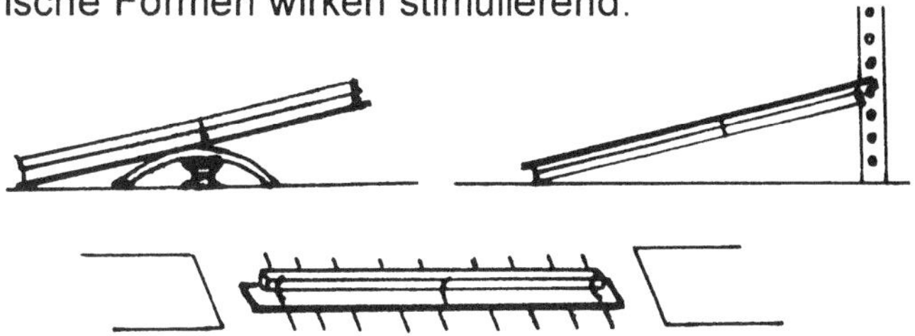

Bankwippe, Schrägbank und Rollende Bank (auf Gymnastikstäben, Matten begrenzen ein Wegrollen der Bank)

Stände, Sitze, Stütze, Lagen mit Partner

Spiegelübungen, Schattenübungen
(Bewegungen des Partners nachmachen)

Wettwanderball

Die Gruppe steht auf der Bank; Übergeben eines Balles von vorn nach hinten oder umgekehrt (über den Kopf, durch die Beine, an der Seite rechts/links); der Wechsel des letzten Spielers nach vorn bzw. nach hinten erfolgt neben der Bank, Nachrücken auf der Bank.

Ablöseball

Die Gruppe steht auf der Bank. Der Werfer vor der Bank (u.a. auf einem Turnhocker), er wirft dem Ersten der Gruppe den Ball zu, der wirft zurück und wechselt neben der Bank an das Ende der Gruppe auf die Bank, Gruppe muss sich nach vorn bewegen (Variante: Ohne Laufbewegung, nach dem Zurückspielen des Balles Hockstand auf der Bank einnehmen).

Balancieren unter erschwerten Bedingungen

- **Nach Vorbelastung** (Drehungen um die Längsachse vor der Bank und Balancieren über die Bank)
- Balancieren mit Steigen **über** (Bälle) **oder durch Hindernisse** (Reifen) oder **mit Drehungen** auf der Bank
- Balancieren mit **Erfassen bestimmter Körperteile** (auch als Partnerübung)

- Balancieren mit **Handgeräten**
  Seil: Schwingen, Durchschläge, Übersteigen des selbst gehaltenen Seiles, Übersteigen bzw. Unterwinden von Partnern gehaltener Seile
  Reifen: Kreisen um verschiedene Körperteile, Durchkriechen, Werfen-Fangen, Springen wie mit dem Seil, zwei in einem Reifen
  Ball: Tragen, Rollen, Werfen-Fangen, Prellen, Kreisen, mit Partner einklemmen

- Als Armbewegungen (ein Arm oder beide Arme) können z.B. gewählt werden: Armführungen in Hochhalte, Vorhalte, Hüftstütz; Armschwünge tief-hoch, horizontal rechts-links, Gegenarmschwung; Armkreisen vorwärts, rückwärts; Gegenarmkreisen, Gegenarmpendeln vor und neben dem Körper.
- Der Kopf sollte gerade mit Blick auf das Bank- oder Balkenende gehalten werden.
- Für gymnastische Sprünge ist eine gespannte Seithalte der Arme für den Gleichgewichtserhalt zweckmäßig.
- Das Erlernen und Festigen von Schritten und Sprüngen ist frühzeitig durch kleine Serien, Kombinationen und Verbindungen zu fördern.

Gymnastisches Gehen

➢ Fußspitze setzt zuerst auf, dann Abrollen bis zur Ferse,
➢ aufrechte Körperhaltung, kein Hohlkreuz, „Bauch einziehen“,
➢ anfangs Arme in Seithalte, „Arme tragen“, dann eigene Gestaltung.

Schritte im Ballenstand

➢ Stets setzt der Fußballen auf, Füße rollen nicht ab,
➢ Beine bleiben gestreckt, langsames Tempo.

Gymnastische Schritte und Sprünge

hauptsächlich für Mädchen empfohlen

Voraussetzung für die Ausführung von Übungen auf der schmalen Unterstützungsfläche ist ihr richtungsgenaues Turnen auf dem Boden.

- Schritte und Sprünge (Hüpfer) auf dem Balken sind ansprechende Turnelemente, die ebenfalls sorgfältig zu üben sind. Als Verbindungselemente sind sie besonders wirksam.
- Eine aufrechte, gespannte Körperhaltung (Gesäß- und Bauchmuskeln anspannen) erleichtert die Ausführung der Übungen und bewirkt gleichzeitig die Bewegungen ausdrucksvoll erscheinen zu lassen. Ein Gefühl der Größe, der Spannung soll u.a. durch Hinweise, wie „ wachsen“, „groß werden“ vermittelt werden.
- Im Lernprozess können selbst Lösungsmöglichkeiten angeboten werden, z.B. durch unterschiedliche Armhalten oder Armbewegungen, einschließlich Richtungsänderungen durch Drehungen.
- Für die Vermittlung von Schritten und Sprüngen ist eine rhythmische Unterstützung zweckmäßig (Zählzeiten, Klatschen, Musik). Bei den Sprüngen ist eine individuell angemessene Höhe anzustreben.

Schöpfschritte sind balkenspezifisch
Beugen des Standbeines mit Vorspreizen des Spielbeines (Fuß tiefer als Balkenoberkante), auch mit Heben auf den Ballen nach dem Vorschwung.

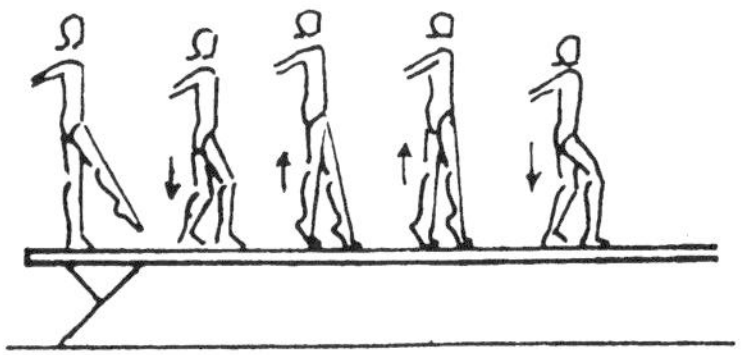

Dreitrittgehen
(Walzerschritt) 3er-Rhythmus „ tief-hoch-hoch“
- erster Schritt mit geringer Kniebeuge (tief)
- zweiter Schritt mit Heben auf den Ballen (hoch)
- dritter Schritt auf dem Ballen (hoch)

Kreuztrittgehen seitwärts (Kreuzschritt)
Das Spielbein kreuzt vor oder hinter dem Standbein, auch im steten Wechsel vorn und hinten (als Partnerübung mit Schulterfassung).

Schritte mit Spreizbewegungen

- ➢Mit relativ geringer Amplitude aber guter Haltung und Spannung,
- ➢auch mit Heben auf den Ballen, vorwärts, seitwärts, rechts, links, auch im Wechsel.

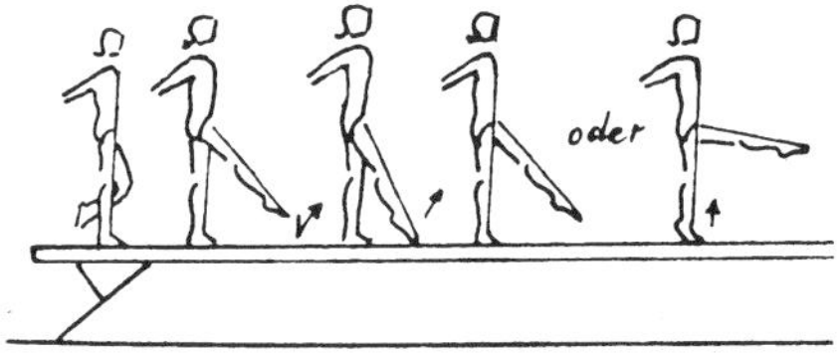

Tippschritte
Das gestreckte Spielbein (vordere Bein) tippt mit der Fußspitze kurz auf, bevor der Schritt vorwärts mit Abrollen des Fußes erfolgt (auch mit Heben in den Ballenstand möglich).

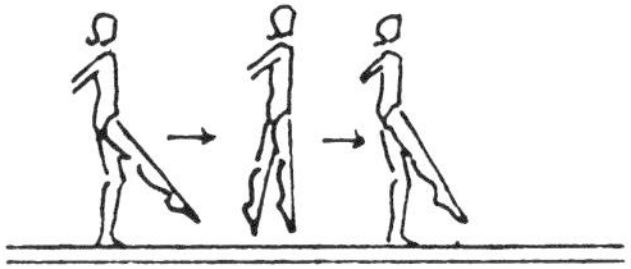

Nachstellschritte vorwärts, rückwärts, seitwärts
Das gleiche Bein beginnt stets den Schritt, es erfolgt ein Heranstellen des anderen Beines, mit Abrollen des Fußes oder der Ballenstand wird beibehalten (in dynamischer Ausführung mit kleiner Flugphase als **Nachstellsprungschritt).**

Gymnastische Sprünge mit beidbeinigem Absprung aus dem Schrittstand

Gymnastische Sprünge auf schmaler Fläche (Bank und Balken) sind schwierig, erfordern erhöhte Aufmerksamkeit und auch Risikobereitschaft.

Wechselsprung

- ➢Enger Schrittstand, Ausholbewegung durch Beugen der Beine,
- ➢Absprung mit Körperstreckung, Arme werden in Seithalte gehalten,
- ➢Flugphase mit Beinwechsel,
- ➢Landung im Schrittstand mit Abrollen der Füße vom Ballen auf die Fersen und Beugen der Knie- und Hüftgelenke, ein weiterer Wechselsprung kann angeschlossen werden.

V Mit Partner turnen, zuerst nur Strecksprung üben (auch mit Beinbewegungen, z.B. Spreizen, Hocken)

Gymnastische Sprünge mit einbeinigem Absprung

- Absprung mit aktivem Schwungbeineinsatz vorwärts-aufwärts und Armeinsatz, Oberkörper aufrecht lassen
- Landung erfolgt elastisch auf dem Schwungbein mit Heransetzen des Absprungbeines
- zuerst von der Bank, dann vom Balken üben

Schersprung

Galopp- (Pferdchensprung)
nicht nach vorn springen
Springen am Ort

Schrittsprung

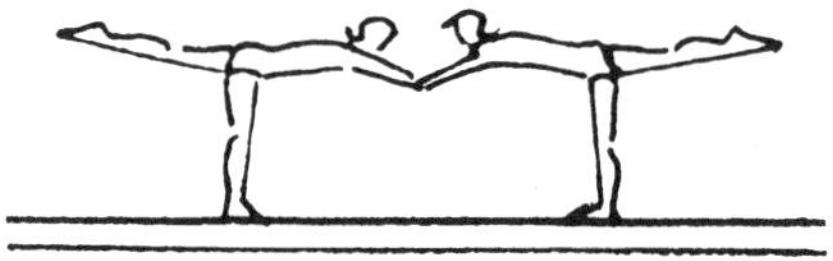

Standwaage mit Körperspannung,
auch mit Griff am Gerät oder mit Partner üben

Kniewaage **Unterschenkel-Hockstand** (Kniestand)

Winkelsitz gestützt und frei **Hockschrittstand**

Posen

Gymnastische Stände und Posen

Über ein Spielen mit dem Gleichgewicht können einfache Stände und Posen interessantes Übungsgut für die Schülerinnen sein. Der Reiz liegt in ihrer sicheren und möglichst schönen Ausführung, wobei Körperspannung und Konzentration wichtig sind. Stände sind oft Ruhepunkte in einer Übungsverbindung.

- Bei den einbeinigen Ständen sollte rechts und links geübt werden, um auch für die Gestaltung der Verbindungen die bessere Seite herauszufinden.
- Stände sollten zwei Sekunden gehalten werden.
- Besondere Bedeutung hat der **Schrittballenstand** als Ausgangs- oder Endstellung und für die Vorbereitung von Drehungen.

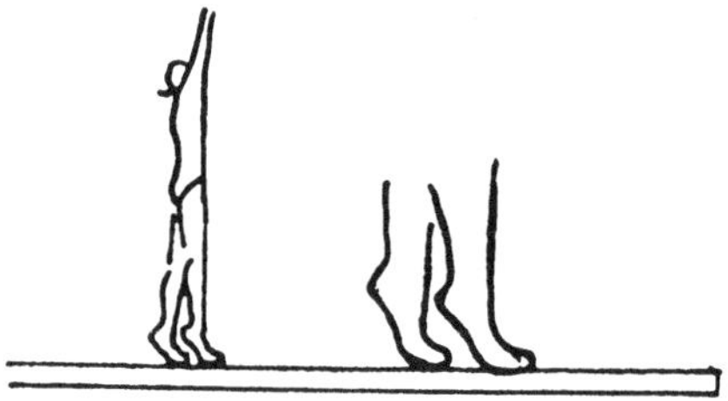

Drehungen auf beiden Beinen

im Schrittstand (auch in mittlerer Kniebeuge)

im Hockschrittstand **aus dem Kreuzschritt**

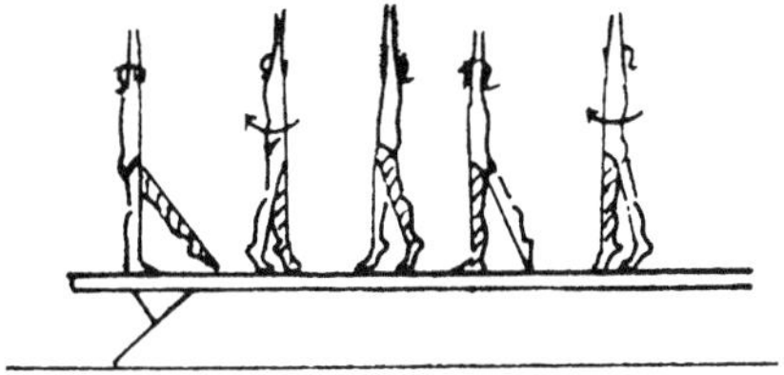

Schrittdrehung (1/1)
mit jedem Schritt vorwärts bzw. rückwärts erfolgt eine ½ Drehung (Schritt vorwärts links, ½ Drehung rechts, Schritt rückwärts rechts, ½ Drehung rechts)

Gymnastische Drehungen

Drehungen haben für Richtungsänderungen besonders am Bank- oder Balkenende größere Bedeutung.

- Aus dem und im Ballenstand die Drehung ausführen,
- Arme und Schultern der Drehseite werden in Drehrichtung bewegt,
- Körpergewicht bleibt über der Stützfläche (aufrechten Körper fixieren),
- Beenden der Drehung im Ballenstand, dann Senken auf die ganze Sohle.

Grundlegend für das Erlernen von Drehungen sind die Stände, sie erfordern ebenfalls das Beibehalten des Gleichgewichtes. Drehungen auf beiden Beinen sollten vor den einbeinigen Drehungen geübt und können ebenfalls mit verschiedenen Armhaltungen, Armbewegungen und Armschwüngen verbunden werden.

Drehungen auf einem Bein
(mit Beinschwung vor- oder rückwärts)

Anfangs nur Stand mit Vor- oder Rückspreizen üben, auch mit Halten

Aus dem Stand mit rückgespreiztem rechten Bein, Vorschwung mit ½ Drehung links, Absetzen oder weiteres Vorschwingen in den Stand oder Ausfallschritt

Aus dem Stand mit vorgespreiztem rechten Bein, Rückschwung mit ½ Drehung rechts, Absetzen oder weiteres Vorschwingen in den Stand oder Ausfallschritt

Balkennahe Übungen

Kniewaage
aus dem Grätschsitz oder Winkelsitz, Rückbewegen der Beine, Aufknien eines Beines, (Kniewaage) oder Aufrichten in den Stand

Kniewaage aus der Bauchlage

Aus dem Stand Senken in den Winkelsitz oder **in die Rückenlage**, auch frei

Aus dem Winkelsitz oder der Rückenlage **Aufrichten in den Stand**, auch frei

Balken

- Aufsteigen von einem Turnhocker
- Sprung in den Seitstütz, Vorspreizen eines Beines in den Spreizsitz, auch mit sofortiger ¼ Drehung in den Grätschsitz möglich (Stütz mit Rist- und Kammgriff)
- Auflaufen aus dem Quer- oder Schrägstand, auch ohne Stütz der Hände
- Aufhocken mit beiden Beinen, mit einem Bein, auch aus dem Seitstand
- Vorhocken (Durchhocken) eines Beines in den Spreizsitz

Aufgänge

Erleichterungen durch niedrige Geräthöhe, mit Hilfe, aus dem Stand, breiteres Gerät (Kasten)

Bank

- Aufsteigen
- Auflaufen aus dem Querstand oder Schrägstand, auch ohne Stütz der Hände
- Aufhocken mit beiden Beinen, auch frei ohne Stütz der Hände aus dem Querverhalten
- Aufhocken mit einem Bein, auch ein Bein seitgespreizt

Strecksprungvarianten (siehe Boden S. 36)
- Strecksprung
- Hocksprung - schnelle Hock- und Streckbewegung
- Grätschsprung und Grätschristsprung
- Strecksprung mit ½ und 1/1 Drehung (von der Bank), Arme und Schultern leiten Drehung ein, beide Arme in Hochhalte

Abgänge

Für das Schulen von Abgängen sollte als Erleichterung eine geringe Geräthöhe und bei Abgängen aus größerer Höhe eine Weichmatte oder höhere Mattenlage für die Landung gewählt werden.

- ➢ Absprung mit Armschwung,
- ➢ Abflug mit gestrecktem Körper, „Bauch einziehen“,
- ➢ Flugphase mit Formieren der Sprungart
- ➢ Landung mit nachgebendem Beugen der Fuß-, Knie- und Hüftgelenke.

Strecksprung (Niedersprung vorwärts)

Sie können aus dem Seitstand mit Absprung oder aus dem Querstand an den Gerätenden erfolgen, auch aus Geh- oder Laufschritten (ist schwieriger).

Von der Bank kann auch der Strecksprung rückwärts ausgeführt werden, auch mit ½ Drehung.

Lernfolge

Rad mit ¼ Drehung auf einer Linie am Boden

Rad mit Hilfe von einer Bank oder von zwei hintereinander gestellten Kästen mit Markierung der Bankbreite (30 cm)

Θ Stand auf der Rückseite der Übenden, Drehhilfe mit Drehklammergriff an den Hüften.

Radwende von einer Bank, anfangs mit Hilfe
Radwende von einer Bank auf Turnhockern stehend, anfangs mit Hilfe, dann sichern

Radwende

als Abgang von der Bank
(auf Turnhockern stehend)

Diesen schwierigen Abgang sollten nur Schülerinnen in Angriff nehmen, die das Rad am Boden geradlinig ausführen können (siehe S. 37/38).

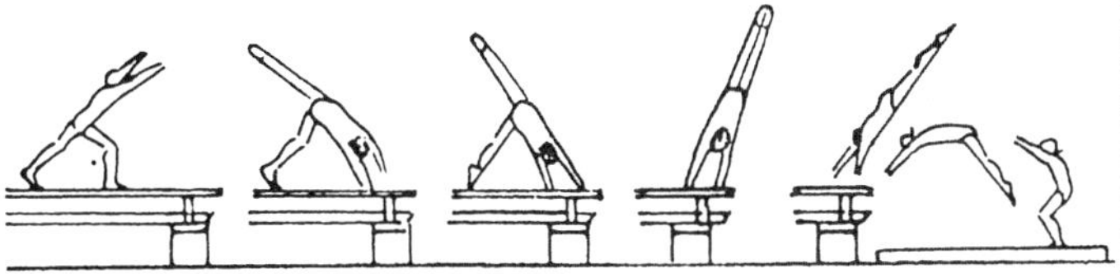

- ➢Ansatz wie am Boden, weit vom vorderen Fuß Stütz aufnehmen,
- ➢aktiv wegstützen - Arme bleiben gestreckt, Schultern fest,
- ➢Beine kurz nach der Senkrechten schließen,
- ➢Abdrücken von der Bank mit ¼ Längsachsendrehung,
- ➢Landung im Querstand vorlings.

Rolle vorwärts auf der Bank

Als Bewegungserfahrung wird eine zügig und rund ausgeführte Rolle vorwärts am Boden vorausgesetzt.

- ➢Beine strecken, Gesäß anheben, Kopf durch die Arme schieben,
- ➢gekrümmte Wirbelsäule beibehalten,
- ➢Hockschrittstand, Aufrichten in den Stand.

Lernfolge

- Nur Rückrollen - Vorrollen bzw. aus der Rückenlage mit gebeugten Hüftgelenken Aufrichten in den Stand
- Ausgangsstellung Kniestand (erleichtert Rolle vorwärts), auch aus Ausfallschritt, Standwaage, Hock- oder Hockschrittstand möglich

Θ Helfer kann nach Rollbeginn Hüften mit Klammergriff erfassen (Abpolsterung möglich).

Rollbewegung (Bank, Balken)

Rückrollen - Vorrollen aus der Rückenlage

- Anfangs nur Rückenlage üben mit Heben und Senken der Beine oder anderen Beinbewegungen.

- ➢Einnehmen der Rückenlage mit gespanntem Körper,
- ➢Erfassen der Bank bzw. des Balkens (Unterkante des Balkens erfassen und Unterarme an Kopf drücken),
- ➢Rückrollen, bis Füße das Gerät berühren, Vorrollen, dabei nicht Spannung aufgeben.

Ausgangslagen: Grätschsitz, Winkelsitz, aus dem Stand Senken in den Sitz

Endlagen: Grätschsitz, Winkelsitz, Hockschrittstand, Aufrichten in den Stand

Θ Am Balken sollte mit ein oder zwei Helfern geturnt werden, die an Hüften und Oberarm mit halbem Klammergriff sichern.

Übungsverbindungen

Die konkrete Art der Elemente bzw. Übungen und die Armbewegungen können individuell gewählt werden. Die Übungen können mit dem Partner synchron auf einem Gerät (auch mit Kontakt zum Partner) oder auf zwei Geräten ausgeführt werden. Erweiterungen und Ergänzungen sollten angeregt werden.

Auf der Bank für zwei Schülerinnen

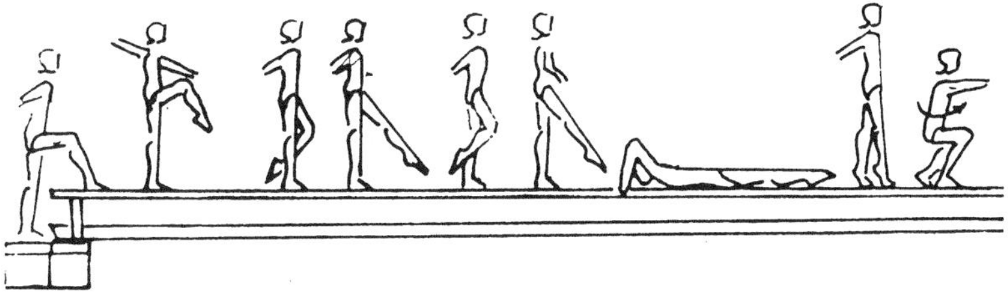

Aufgang aus dem Stand – Pose auf einem Bein – Schrittvariante bis Bankmitte – Liegeposition – Aufrichten

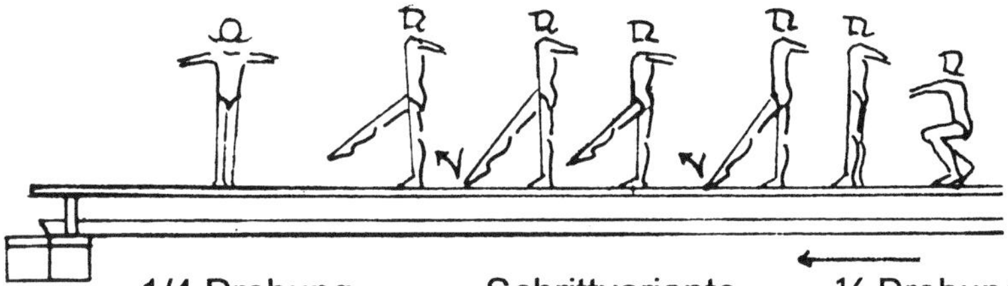

1/4 Drehung, Abgang, Strecksprung – Schrittvariante (Tippschritte) – ½ Drehung in den Stand

Auf dem Balken für zwei Schülerinnen

Aufhocken oder Auflaufen

Schrittvariante (Schröpfschritt)

Standwaage

gymnastischer Sprung (Galoppsprung)

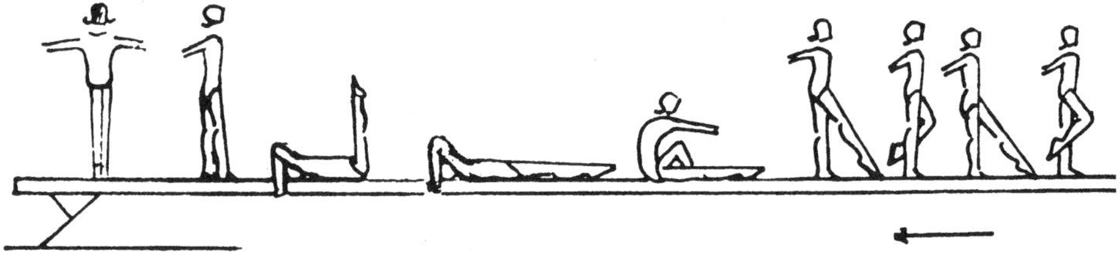

Aufrichten, ¼ Drehung, Strecksprung

Beintätigkeit oder Rück-Vorrollen

Setzen in die Rückenlage (auch frei)

2-3 Schritte rückwärts

Konditionsübungen an Turngeräten

Übungen zur allgemeinen Kraftausdauerfähigkeit an Turngeräten sind eine Abwechslung zum „Fertigkeitsturnen", erweitern die Bewegungserfahrungen und erschließen den Schülern neue Formen der Schulung konditioneller Fähigkeiten. Das Nutzen „aufgebauter" Geräte bietet sich besonders an, vorrangig im abschließenden Stundenteil, aber auch als eigenständiger Kraftkreis im Hauptteil. Eine Differenzierung ist durch individuelle Ausführungen (z.B. zügig – langsam, viele – wenige Wiederholungen, langer – kurzer Hubweg, mit – ohne Halte) und durch unterschiedliche Schwierigkeiten an den Stationen gegeben (z.B. Turnbank weniger schräg anstellen). Es geht um das Bewegen des Körpergewichtes unter erleichterten Bedingungen, um möglichst viele Wiederholungen (Kraftausdauer). Eine bewusst langsame, aber trotzdem zügige Arbeitsweise ist einer hohen Bewegungsfrequenz vorzuziehen.

Beim Kreistraining werden etwa 8 bis 12 verschiedene Übungen nacheinander an den entsprechenden Stationen ausgeführt; mit einer Übungszeit von 20 bis 30 Sekunden und Pausen bis zu einer Minute. Auf Vielseitigkeit ist zu achten, dies betrifft auch den Wechsel der beanspruchten Muskulatur. Wird der Kraftkreis wiederholt, sollte die Pause 3 bis 5 Minuten betragen. Ein wechselseitiges Üben von Partnern wird empfohlen, weil damit gleichzeitig eine Unterstützung und Stimulierung möglich ist.

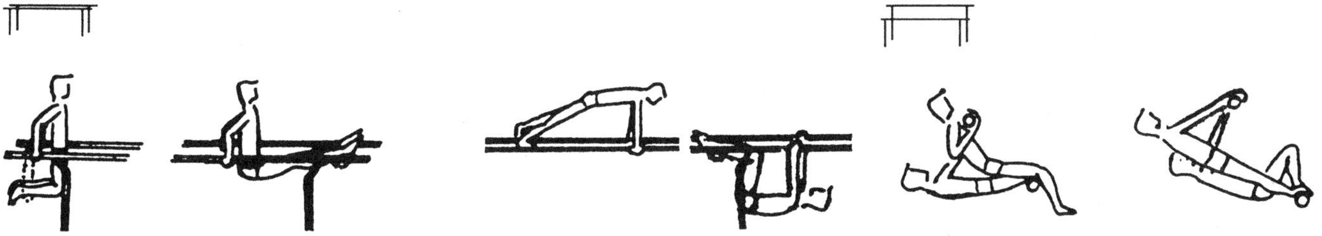

Arme beugen (bis ca. 90°) und strecken (ein Fahrradschlauch/Physioband/Seil wird eingehängt)

Arme beugen und strecken im Querliegestütz bzw. im Hang (auch mit Seil/Band)

Arme beugen und strecken (enge Holme)

Beine strecken und beugen (Arme lang)

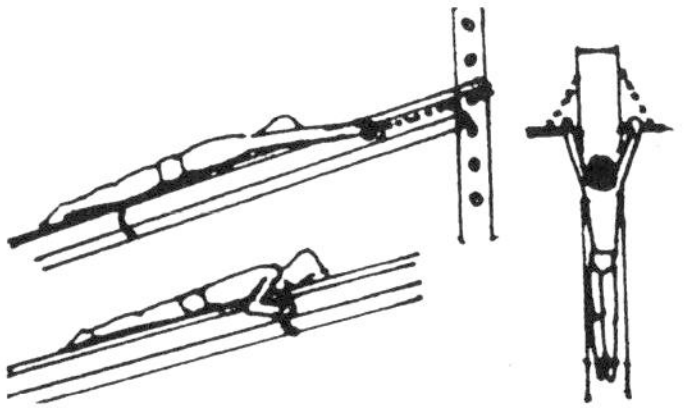

Ein Gymnastikstab wird mit einem Sprungseil befestigt, Klimmzug bis über den Stab möglich (ohne Stab, Hände erfassen den Fuß der Bank)

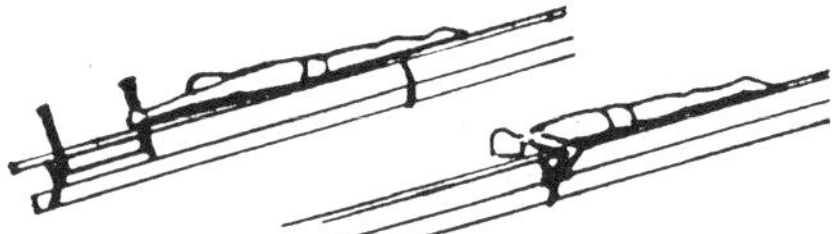

Ein Turnhocker wird eingefädelt, Strecken und Beugen der Arme, (ohne Hocker, Hände erfassen den Fuß der Bank)

Kniebeugen zu zweit an der Bank, Arme eingehakt

gebeugte Beine anheben und absetzen (Sprungbrett)

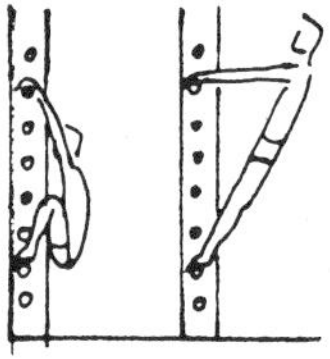

entspanntes Aushängen, Körper bis in den Ballenstand strecken

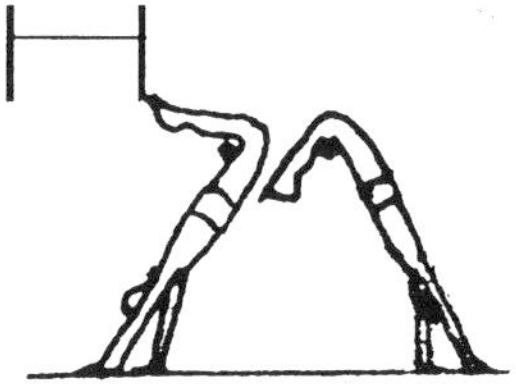

vor- und rücklaufen im Kniehang

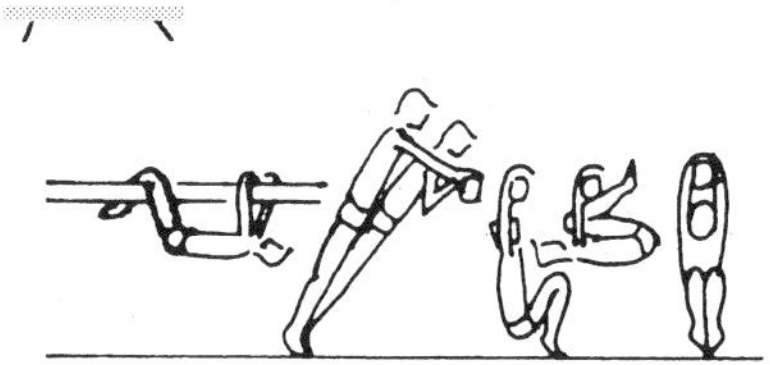

Hangeln längs, Liegestützbeugen, Beinbewegungen

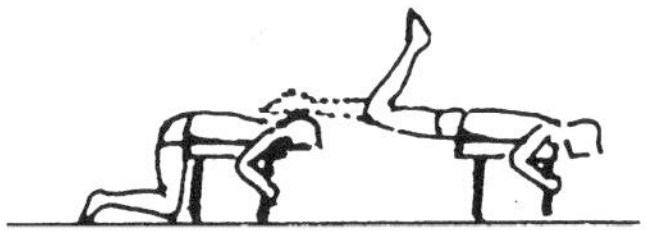

Beine gebeugt anheben, gebeugt lassen/strecken (auch nur mit einem Bein)

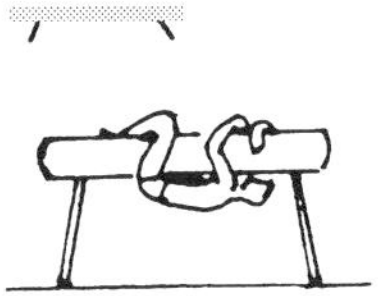

um Pferd oder Balken winden

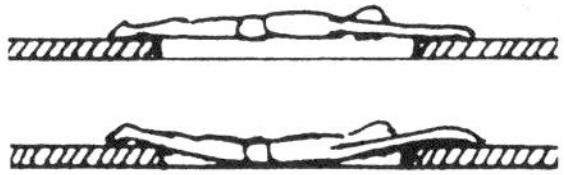

mit Hilfe an- und entspannen, Unterarme und Füße liegen auf

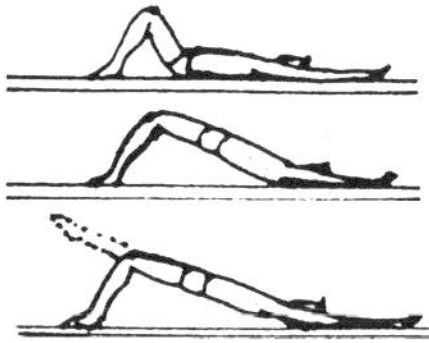

Anheben des Beckens, dann der Schultern, ein Bein strecken

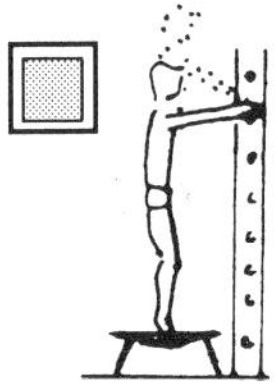

Federn mit Stütz

Hinweise zur Literatur

Aeppli, L. & Lauba, J.-C. (1988). Turnen und Sport in der Schule. Band 7: Geräteturnen Mädchen und Knaben. Bern: Eidgenössische Turn- und Sportkommission.

Blume, M. (1995). Akrobatik mit Kindern und Jugendlichen. Aachen: Meyer & Meyer.

Boddien, W. &. u.a. (1986). Gerätturnen in der Schule. Berlin: Volk und Wissen.

Bruckmann, M. (1990). Wir turnen miteinander. Stuttgart: Fördergesellschaft des Schwäbischen Turnerbundes.

Bruckmann, M. (1989). Gerätturnen Mädchen. (7. Auflage). Düsseldorf: Cornelsen.

Bruckmann, K. & Bröcker, H. & Bruckmann, M. (1992). Gerätturnen Jungen (3. Auflage). Berlin: Cornelsen.

Bucher, W. (1989). 1008 Spiel- und Übungsformen im Gerätturnen. (5. Auflage). Schondorf: Hofmann

Gerling, I.E. (1997). Kinder turnen. Helfen und Sichern. Aachen: Meyer & Meyer.

Gerling, I.E. (1999). Basisbuch Gerätturnen... für alle. Aachen: Meyer & Meyer.

Zeuner, A. & Hofmann, S. & Leske, R. (2000). Schulmethodik Gerätturnen. Leipzig: Ernst Klett Schulbuchverlag.

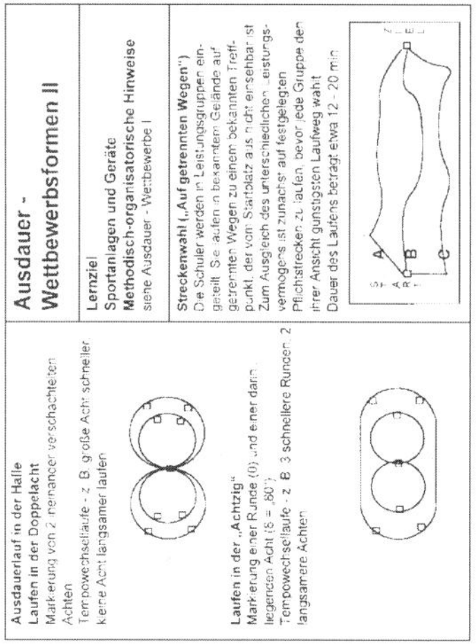

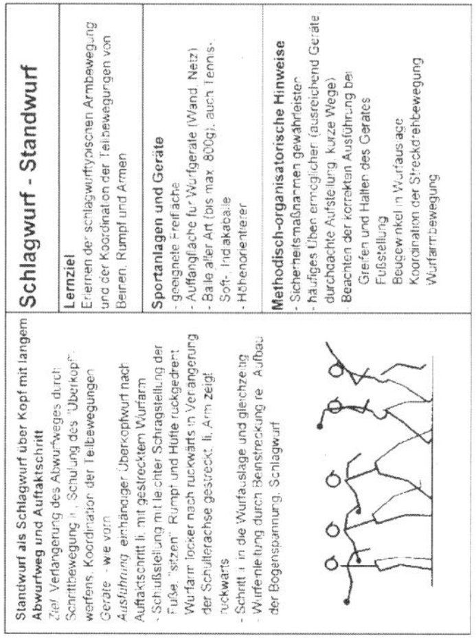

Inhaltsübersicht:

Funktion und Aufbau der Sportkartei Leichtathletik für die Klassen 5 bis 10

Sprint, Start, Staffellauf, Ausdauerlauf, Orientierungslauf, Weitsprung, Hochsprung, Stabhochsprung, Dreisprung, Kugelstoß, Schlagwurf, Drehwurf, Mehrkämpfe

Leichtathletik

Nr. 848 *192 Seiten* € 19,90

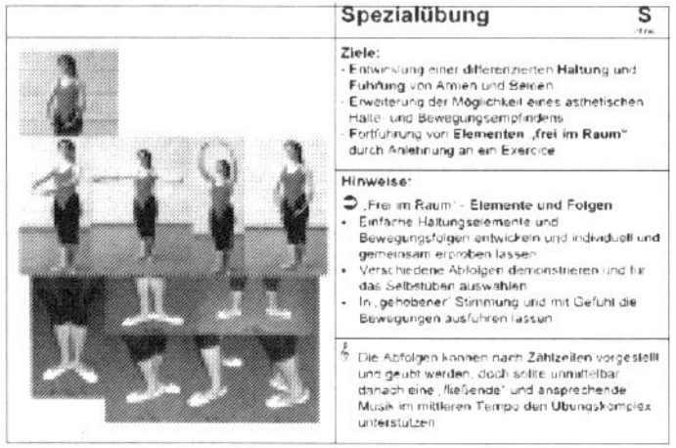

Inhaltsübersicht:

Funktionen und Aufbau der Sportkartei Gymnastik/Tanz für die Klassen 5-10

Hinweise zur Arbeit mit rhythmisch-metrischen und rhythmisch-musikalischen Grundlagen

I. Spezialübungen ohne Gerät

1. Elemente eines kleinen Bodenexercice, 2. Elemente eines kleinen Stangenexercice, 3. Elemente eines kleinen Exercice, 4. Elemente für die Konzentration, für das Wahrnehmen und für die Entspannung, 5. Elemente eines spezifischen Exercice, 6. Elemente spezifischer Partnerkontakte

II. Spezialübungen mit Geräten

1. Erst: Immer an der Wand, 2. Gehaltene und bewegte Stäbe, 3. Formen/Strukturen/Motive/Muster, 4. Runde Muster, 5. Der Noppen-bzw. Softball, 6. Elemente-Formen und Gestalten, 7. Form-Motive zum Orientieren, 8. Ein Ball, der nicht prellt, 9. Fliegende Tücher

III. Technikschulungen ohne Gerät

1. Stehen und Gehen mit dem Spiel eines Beines, 2. Stände wollen geübt sein, 3. Nachstell-, Wechselschritte, 4. Wie verbindet man, 5. Am Boden üben, 6. Kleine und große Sprünge, 7. Sprünge in Serien und Reihen, 8. $^3/_4$ sind ein ganzer Takt, 9. Grundschritte und Verbindungen, 10. Mehr als eine Pose, 11. Hände-isoliert im Spiel, 12. Jazz-Elemente in Variationen, 13. Schritte mit Rhythmus und Schwung, 14. Kicks und Steps, 15. Drehungen „turns" und Fälle „falls", 16. Ebenen „levels" für Bewegungen, 17. Schritt-Muster, Variationen, 18. Gestaltete Partnerkontakte, 19. Zu, am und vom Boden, 20. Partner in „steps"and ...

IV. Technikschulungen mit Handgeräten

1. Ball nicht greifen, doch führen, 2. Band in Schwung und Form, 3. Rollen des Balles, 4. Hand-begleitet das Rollen, 5. Rollen über den Rücken, 6. „Springender, fliegender Ball", 1. Band in Schwung und Schlag, 2. Schlangen und andere Formen, 3. Spiralen und andere Formen, 4. Differenziert bewegtes Band, 1. Keulen mit Schwung und Schlag, 2. Handkreisen mit den Keulen, 3. Keulen am Boden, 4. Fliegende Keulen, 5. Verschiedene Schwung-, Wurf- und Fangtechniken

V. Komplexe Gestaltungen

1. Rhythmus in Gestalt von..., 2. Formen-gebunden und offen in einer Gruppe, 3. Neue Formen im Wechsel, 4. Con-Traste ohne Gerät, 5. Gummibänder in Spannung, 6. Impulse Inspirationen, Isolationen, 7. Blüten Asiens, 8. Schwünge im Spiel, 9. Fliegende Spiralen, 10. Bälle im Verhältnis mit Reifen, 11. In Harmonie und Kontrast, 12, Typisierte Techniken in Gemeinsamkeit, 13. Denk mal an, 14. Schwung und Flattergeister, 15. ...in Form

Gymnastik/Tanz

Nr. 849 *170 Seiten* € 18,90